RÉPUBLIQUE FRANÇAISE

PRÉFECTURE DU DÉPARTEMENT DE LA SEINE

COMMISSION DES LOGEMENTS INSALUBRES

RAPPORT

SALUBRITÉ DES CONSTRUCTIONS

QUESTIONS ET VŒUX. — PIÈCES ANNEXES

PARIS

TYPOGRAPHIE CHARLES DE MOURGUES FRÈRES

1880

COMMISSION DES LOGEMENTS INSALUBRES

RAPPORT

De la Sous-Commission chargée d'étudier un Projet de règlement
sur la salubrité des constructions.

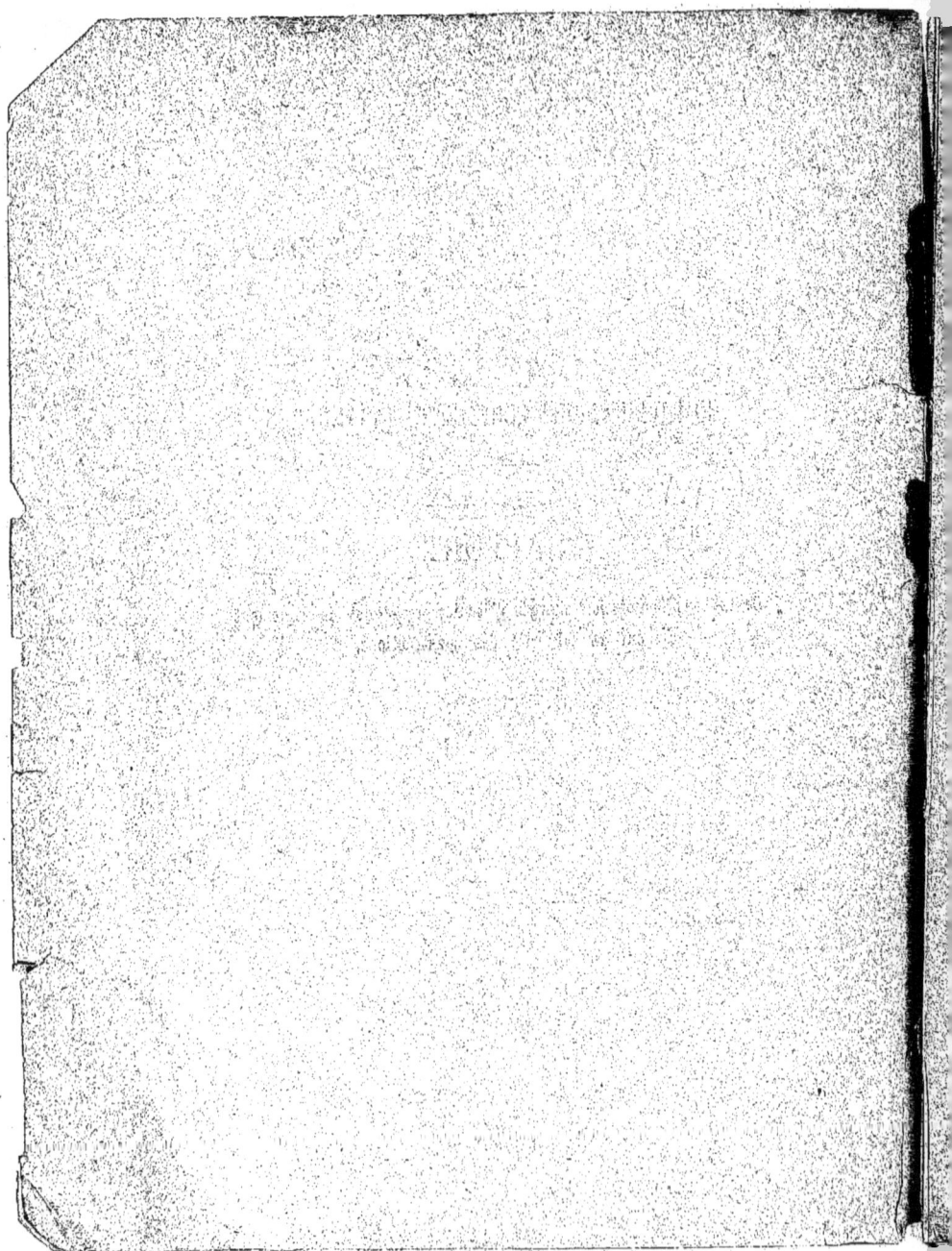

COMMISSION DES LOGEMENTS INSALUBRES

~~~~~

RAPPORT

Présenté par **M. ALLARD**, *au nom de la Sous-Commission* (1) *chargée d'étudier un Projet de règlement sur la salubrité des constructions.*

> « Le rôle des Membres de la Commission des Logements
> « insalubres ne doit pas, à notre sens, être borné à la visite
> « des logements et à la prescription des travaux techniques.
> « Il est plus élevé. Il comporte certaines vues d'ensemble
> « sur les vices de nos constructions........ et une certaine
> « passion pour tous les progrès destinés à améliorer
> « l'hygiène publique. »
>
> *Extrait du Rapport présenté au Conseil municipal par M. DE HÉRÉDIA dans la séance du 1er mars 1877.*

Depuis son origine, la Commission des logements insalubres a été constamment frappée des conséquences déplorables, au point de vue de l'hygiène et de la salubrité, qu'entraînent dans un grand nombre de maisons :

   1° *La mauvaise construction originaire ;*

   2° *Les modifications opérées, sans contrôle, à l'intérieur des bâtiments ;*

   3° *Le défaut d'entretien.*

Exposé.

---

(1) Cette Sous-Commission est composée de: MM. Hudelo, *Président;* Allard, *Rapporteur;* Bienaimé, Bonnamaux et Napias.

Malheureusement la loi du 13 avril 1850, n'a donné à la Commission aucun moyen de connaitre préventivement de la *construction*, des *modifications* et de l'*entretien* des immeubles. Elle a, au contraire, limité son action à la visite des logements signalés comme insalubres, à la recherche de l'état et des causes de l'insalubrité qui y règne et à la désignation des moyens d'y remédier (1), ce qui revient à dire que la Commission ne peut combattre le mal que par espèces, une fois qu'il existe, en donnant alors seulement un avis sur les mesures à prendre, dans l'intérêt de la santé publique.

Et pourtant, que de faits graves ne se fussent pas produits, si, mettant à profit son expérience, la Commission eût pu empêcher que les constructions ne continssent l'insalubrité en germe, et qu'elles ne la subissent, au cours de leur existence, par des modifications abusives ou par défaut d'entretien.

Ainsi réduite à une sorte d'impuissance, la Commission n'en a pas moins tenté, dans tous ses rapports généraux (2), d'attirer l'attention du législateur et de l'Administration sur les dangers qui se rattachent aux ordres d'idées précités.

Les rapports de M. Trébuchet, en 1852, et de MM. Robinet et Trébuchet, en 1857, signalent déjà que les constructions, si souvent mal entendues au point de vue de la salubrité et de l'hygiène, devraient être sévèrement surveillées.

Le rapport de MM. Robinet et Trébuchet, en 1860, met en doute la compétence des Commissaires-Voyers, chargés de faire respecter les règles de salubrité visées par le décret du 26 mars 1852, et

---

(1) Voir pièce annexe n° 2, page 56.
(2) Voir pièce annexe n° 1, page 43 et suivantes.

expose qu'un assez grand nombre de constructions neuves ont été exécutées de telle sorte que la Commission des logements insalubres a dû proposer de les modifier immédiatement.

Le rapport de MM. Trébuchet et Robinet, en 1862, est d'avis qu'en ce qui concerne la salubrité des maisons neuves, le décret du 26 mars 1852 peut s'appliquer, non seulement à la disposition générale et à la distribution des locaux projetés, mais encore à la nature des matériaux et au mode d'emploi de ces matériaux. Certains systèmes de constructions ne devraient pas être admis, pour des bâtiments ou parties de bâtiments destinés à l'habitation de jour et de nuit.

Le rapport de M. Robinet, en 1866, signale un grand nombre d'abus dans la construction des maisons neuves, et émet le vœu qu'il soit pris, par tel moyen légal jugé le plus efficace, des mesures préventives capables d'empêcher leur renouvellement.

Le rapport de M. Chauveau-Lagarde, en 1870, réclame le sérieux examen des plans présentés à l'approbation de l'Administration.

Enfin le rapport de M. Perrin, en 1878, indique pour les constructions neuves un certain nombre de *desiderata*.

On le voit, la Commission n'a laissé échapper aucune occasion de signaler et de rappeler même, avec insistance, les défectuosités des constructions, au point de vue de l'hygiène et de la salubrité.

Sans doute, en examinant l'arsenal des dispositions législatives et des règlements applicables aux maisons de Paris (1), on a peine à comprendre, tout d'abord, qu'il ne fournisse pas à l'Adminis-

_____

(1) Voir pièce annexe n° 2, page 51 et suivantes.

tration des armes suffisantes pour empêcher l'insalubrité de naître et de se développer, comme cela a lieu trop souvent.

On y remarque, en effet, avant comme après 1850, une grande préoccupation pour des faits spéciaux, de première importance, tels que ceux relevant de l'installation des fosses, puits, puisards, égouts particuliers, cabinets d'aisances, tuyaux et appareils de chauffage, et ceux relatifs à la hauteur des maisons, au cube d'air des chambres à coucher, aux concessions d'eau, etc.

Après 1850, la recherche s'étend encore à la dimension des cours et des courettes, à certaines conditions d'aération des chambres à coucher, à la peinture des façades, à l'examen des plans des maisons projetées, et enfin au droit général d'imposer, aussi bien aux constructeurs des maisons neuves qu'aux propriétaires des maisons anciennes, toutes prescriptions utiles dans l'intérêt de la salubrité et de la santé publique.

Malheureusement les nombreuses dispositions dont il vient d'être parlé sont souvent inefficaces (1), ainsi que la Commission le constate journellement dans ses visites; et cela tient à des causes diverses, qui peuvent être énumérées comme il suit :

D'abord, en ce qui concerne les *maisons neuves*, à part les dispositions spéciales sus-énoncées et quelques instructions administratives, qui leur servent de commentaires, il n'existe pas à proprement parler de Règlement général, embrassant toutes les questions de salubrité des constructions; et il semble que MM. les Commissaires-Voyers, chargés d'appliquer l'article 4 du décret du 26 mars 1852, ne sont pas, en toute occasion, suffisamment fixés sur l'importance et la nature des prescriptions qu'ils

_____

(1) Voir pièce annexe n° 5, page 65.

doivent imposer aux constructeurs. D'autre part, on acquiert chaque jour la preuve que certaines règles, admises jusqu'ici, sont insuffisantes au point de vue de la salubrité; il faut enfin signaler que, même dans l'application de ces règles, on use trop souvent d'une tolérance des plus fâcheuses, en raison des résultats qu'elle entraîne.

En ce qui concerne les *maisons anciennes*, il n'existe aucun service administratif chargé, en dehors du cas d'épidémie, de surveiller l'insalubrité qui peut s'y produire, par suite de modifications dans l'état des constructions, ou par défaut d'entretien, si ce n'est toutefois pour certaines parties, telles que les fosses d'aisances, les branchements d'égouts et l'installation du gaz.

Que si, tout d'abord, on veut savoir en quoi il y a insuffisance absolue dans l'application actuelle aux constructions neuves des règles de la salubrité, il suffira de connaître les faits généraux suivants : Insuffisance des prescriptions de salubrité pour les constructions neuves.

1º Aucune précaution n'est imposée pour préserver les maisons d'habitation de l'*humidité* qui pourra provenir, soit du sol, soit du peu d'épaisseur et du mode de construction des murs, soit du voisinage des réservoirs et des tuyaux d'eau, soit du mode de couverture, soit enfin de l'écoulement des eaux pluviales et ménagères. Humidité.

C'est ainsi qu'aucun mode particulier de construction n'est réclamé, en vue de la salubrité, à quiconque veut fonder sa maison sur un sol envahissable à certains moments par les eaux, ou qui veut installer des habitations en sous-sol.

Rien n'empêche d'employer, pour la construction des murs de fondation et à rez-de-chaussée, des matériaux hygrométriques, tels que plâtras, plâtre, etc., au lieu de se servir exclusivement de matériaux dits hydrofuges, tels que libages, pierres de taille ou meulières, briques, moellons durs, mortier de chaux et sable, ciment, etc.

Aucune ventilation n'est prescrite pour les parties en sous-sol ; de plus, les conditions d'habitation n'y sont nullement réglementées.

On peut, par exemple, sans contre-mur d'isolement, installer des pièces d'habitation près de murs adossés à des terre-pleins.

Dans les parties en élévation, on peut construire des murs extérieurs d'épaisseur aussi mince que l'on veut, et quelquefois des sols de rez-de-chaussée en contre-bas du sol extérieur.

On fait, au rez-de-chaussée, ou dans des sous-sols habités, des sols en terre battue, ou encore en carreaux de terre cuite simplement posés sur aire en plâtre adhérente au sol en terre, ce qui constitue autant de causes de dégradation et de difficultés pour les lavages.

On adosse, sans précaution aucune, des réservoirs d'eau contre des parties habitées, ou on laisse constamment couler, à leur proximité immédiate, les eaux de débord.

On couvre les bâtiments d'habitation en matériaux de rebut et quelquefois en carton bitumé; on établit des chéneaux et gouttières sans pente ou trop étroits, etc., etc.

On tolère qu'un propriétaire loue des parties destinées à l'habitation dans des maisons à peine construites (1), or l'humidité,

_____

(1) Voir pièce annexe n° 3, page 64.

provenant des murs et des planchers, engendre, dans ce cas, les accidents les plus graves dans la santé des habitants sans méfiance.

Enfin l'*humidité*, cause d'insalubrité majeure, n'est visée par aucun règlement spécial, ni par le mode d'application actuelle du décret du 26 mars 1852;

2° La hauteur, le cube et la ventilation des pièces de divers étages sont réglementés dans une certaine mesure (1); mais les procédés adoptés ne sont pas en rapport avec les exigences de l'hygiène et de la salubrité. *Cube, éclairage, ventilation et peinture.*

C'est ainsi que la hauteur de 2ᵐ,60 et le cube de 14 mètres, indiqués d'une manière générale, ne correspondent pas aux difficultés du renouvellement de l'air et au mode d'habitation des maisons de Paris.

Pour les loges de concierge notamment, le cube précité de 14 mètres est des plus insuffisants.

De plus, on ne s'occupe généralement pas de la quotité d'éclairage et d'aération nécessaires aux pièces d'habitation; aussi en construit-on qui, quoique assez spacieuses, sont presque sombres et partant insalubres, n'ayant pour toute ouverture que d'étroites baies de châssis, ou de petites croisées souvent placées dans un angle de la pièce; parfois aussi quelques-unes sont, à l'origine, aérées et éclairées par des baies ouvertes dans des murs séparatifs de propriétés voisines; puis il arrive que, par le fait de constructions adossées auxdits murs, dans ces propriétés adjacentes, lesdites baies sont supprimées de fait; alors l'insalubrité des pièces devient irremédiable.

_____

(1) Voir pièces annexes nᵒˢ 1, pages 59 et 62, et nᵒ 3, page 63.

On n'exige, de même, aucun moyen de chauffage et d'aération pour les chambres à coucher.

Pour les parties communes des habitations, telles que : allées, vestibules, cages d'escaliers et couloirs communs, qui sont contigus aux logements et participent, dans une certaine mesure, à leur salubrité, on n'exige aucun minimum de jour ou d'aération.

Les parois des murs et cloisons des différentes pièces et aussi celles des cours et courettes, des allées, vestibules, cages d'escaliers, couloirs et cabinets d'aisances, ne sont souvent ni peintes, ni, suivant les cas, recouvertes de papier de tenture, ce qui pourtant exige un minimum de réglementation, afin de faciliter la destruction des matières organiques, qui se fixent sur les parois elles-mêmes, et y entrent peu à peu en décomposition ;

Odeurs malsaines, fosses et cabinets d'aisances. 3° Il n'est pas fait de prescriptions suffisantes contre l'envahissement des habitations par les odeurs malsaines des fosses d'aisances (1).

Tout constructeur, par exemple, peut à son gré construire des fosses fixes ou mobiles; or les fosses sont le plus terrible foyer d'infection qu'une maison ait à redouter, et il est de toute nécessité de rechercher à en atténuer les effets, ce qui serait souvent possible, notamment par la séparation obligatoire, dans certaines espèces déterminées, des matières liquides et solides, ce qui diminuerait considérablement les causes de leur fermentation.

Si, par une nécessité regrettable, la construction des fosses fixes ou mobiles doit encore être tolérée, dans quelques maisons, au

---

(1) Voir pièce annexe n° 5, page 66.

moins faudrait-il ne l'autoriser que sous certaines réserves, non prévues jusqu'ici par les règlements.

Pour ce qui est des cabinets d'aisances, aucun mode d'installation n'est absolument défini, en ce qui concerne notamment leur accès et leurs dimensions.

On en établit aussi qui sont peu ou point aérés directement, ou d'autres qui, comme certaines pièces d'habitation, le sont au moment de leur construction originaire, prenant alors jour et air au travers de murs séparatifs de propriétés voisines, mais qui plus tard, par suite de modifications dans l'état mitoyen desdits murs, se trouvent tout à coup privés de ces moyens de salubrité provisoire. Ils deviennent alors sombres et infects, n'étant plus éclairés et aérés que par des châssis ouvrant sur des escaliers ou des couloirs de dégagement.

On installe aussi des privés non munis d'appareils à fermeture hermétique ou ayant, même lorsqu'ils sont communs à divers locataires, des siéges et sols en bois, qui s'imprégnent et se pourrissent rapidement; souvent les murs d'un grand nombre d'entre eux sont construits en matériaux hygrométriques et ne sont couverts d'aucune peinture, ce qui est déplorable pour la salubrité et la propreté des parois.

Il arrive enfin que des maisons n'ont pas de cabinets d'aisances en nombre suffisant pour le service de leurs habitants, ou que les cabinets s'y trouvent à des distances exagérées des logements qu'ils desservent. De là une double cause d'insalubrité pour les locataires qui, dans leur gêne, en sont souvent réduits à jeter dans les plombs des matières fécales et des urines;

4° L'emploi des appareils de chauffage et de cuisine n'est pas réglementé d'une façon normale et qui soit en rapport avec la

Chauffage, cuisine et éclairage.

variété actuelle de leur construction, ou avec les dangers auxquels on est exposé dans leur voisinage.

Pour les appareils à gaz surtout, dont l'usage pour la cuisine s'est généralisé depuis quelques années, des règles nouvelles sont nécessaires, afin d'éviter les accidents multiples auxquels donne lieu leur installation défectueuse;

Eaux pluviales et ménagères. 5° On n'exige, à l'intérieur, aucun système d'écoulement pour les eaux pluviales et ménagères, qui créent ainsi dans les maisons autant de foyers de méphitisme et d'insalubrité. C'est ainsi qu'on n'exige pas de cuvettes d'eaux ménagères dans les logements comprenant plusieurs chambres à coucher, ni d'évier dans les cuisines, ni de cuvettes d'eaux ménagères communes, d'une proximité convenable et en nombre suffisant pour le service des petits logements; on installe les plombs qui n'ont pas de fermeture hermétique et sont placés dans des endroits non ventilés. On reçoit les eaux de toute nature à ciel ouvert, dans des cours et des courettes, dont le sol, en terre quelquefois et le plus souvent pavé ou bitumé, n'offre d'autre moyen d'écoulement qu'une légère dépression du sol au devant de pièces habitées; ces eaux puantes sont souvent aussi recueillies dans des gargouilles ou caniveaux, munis de plaques de fermeture en bois ou autres et non hermétiques, qui traversent des logements, des vestibules ou des allées où elles répandent l'insalubrité sur leur passage; parfois encore, elles sont déversées dans des conduites souterraines par une bouche placée au ras du sol, garnie ou non d'un siphon, mais toujours infecte, et qui se trouve à proximité immédiate de chambres dont elles vicient l'air en tout temps;

Cours et courettes. 6° L'obligation d'avoir une cour ou une courette dans toute propriété contenant une fosse fixe ou mobile ressort de ce fait, que l'ouverture desdites fosses doit être placée à l'air libre, afin d'empêcher l'expansion des gaz malsains à l'intérieur des habitations.

On doit aussi se préoccuper de la facilité d'accès desdites cours ou courettes, afin que le nettoyage en soit facile en tout temps.

Quant aux dimensions de leur surface, il est nécessaire de les subordonner à la nature des pièces qui sont à éclairer et aérer, et à la hauteur des bâtiments environnants (1).

Il est également indispensable de ne permettre la couverture des cours que dans certains cas déterminés.

Il y a lieu enfin d'exiger la peinture des façades afin de faciliter leur nettoyage périodique;

7º On n'exige pas dans les maisons un minimum d'eau salubre, en vue des lavages nécessaires; or il est de toute évidence qu'une certaine quantité d'eau est indispensable, notamment pour le maintien en bon état de propreté des cabinets d'aisances communs, des gargouilles et caniveaux, des sols de cours, allées, vestibules, escaliers, etc. (2); et d'autre part, le moyen le plus efficace d'avoir la quantité d'eau précitée, ne consiste-t-il pas dans une prise sur les canalisations de la Ville, chaque fois qu'il en existe à proximité de l'immeuble? *Eau salubre*

A l'exposé qui précède et démontre l'insuffisance des mesures prescrites aux constructeurs, en matière de salubrité, il y a lieu d'ajouter la série des faits regrettables qui se produisent dans les maisons, en raison des modifications clandestines qui s'y exécutent. *Insuffisance de la législation pour les modifications des constructions existantes.*

En première ligne, on doit signaler le changement de destination des localités.

---

(1) Voir pièce annexe nº 3, page 64.
(1) Voir pièces annexes nºˢ 6 et 7, pages 67 et 68.

Ainsi, un local au rez-de-chaussée, avec devanture vitrée sur la rue, et donnant au fond sur une courette, est indiqué au plan annexé à la demande de construction comme magasin, sans aucune division intérieure : certes, si ce local conservait son état annoncé, il n'y aurait pas d'insalubrité à craindre ; mais, quelque temps après la terminaison des travaux et leur réception officielle, un locataire prend possession du soi-disant magasin ; puis, de son fait ou du fait du propriétaire, des cloisons de distribution sont établies, et finalement une chambre à coucher est installée au fond, du côté de la courette ; cette chambre, disposée contrairement à toute prescription légale, est naturellement sombre, sans aération, sans cheminée, humide : bientôt les enduits des murs et les frises du parquet s'y pourrissent, le papier de tenture tombe en lambeaux, les vêtements des locataires sont couverts de moisissures, l'insalubrité est complète.

De même on construit, dans une cour, un corps de bâtiment destiné à l'usage d'écuries et remises ou de resserre : la construction est légère ; pas d'enduits sur les murs, pas de plafond sous les chevrons, pas de cheminée, pas de cabinet d'aisances dans le voisinage, la destination du local autorise tout cela ; mais, un jour, le propriétaire change d'idées, et, aucune autorisation ne lui étant nécessaire, fait du bâtiment en question un bâtiment d'habitation : il le divise en plusieurs pièces à l'usage de chambres à coucher, auxquelles il donne telles dimensions qu'il lui plaît, et, sans travaux sérieux d'appropriation, y installe des locataires qui se trouvent ainsi placés dans les plus déplorables conditions d'hygiène et de salubrité.

On peut encore citer l'exemple des soupentes qu'on établit, à l'insu de tous, dans les loges de concierge ou les boutiques, et celui de ces corps de logis, primitivement composés de pièces spacieuses, bien aérées, munies de cheminées, qu'on convertit en logements des plus insalubres, au moyen de cloisons en planches divisant chaque pièce en un certain nombre de cabinets mal clos, sans cheminées, éclairés et aérés seulement par des châssis vitrés ouvrant sur un couloir.

On doit signaler enfin les modifications faites à l'intérieur des habitations, après la réception administrative, telles que : suppression de privés, installation d'appareils de chauffage ou de fourneaux de cuisine dans des pièces dépourvues de tuyaux de fumée, changement dans la canalisation et la disposition des appareils à gaz, etc ; modifications qui entraînent les conséquences les plus fâcheuses pour la santé des habitants.

Ces citations, qu'on pourrait multiplier, démontrent que chaque immeuble peut, sans qu'on s'en doute, devenir un foyer d'insalubrité pour tout ou partie de ses habitants. Le mal dure ainsi jusqu'à ce que la Commission des logements insalubres, prévenue par hasard, vienne proposer de faire rentrer les choses dans l'ordre ; mais les faits auxquels il est alors paré, ou d'autres du même genre, peuvent renaître bientôt, dans le même immeuble, ce qui n'aurait pas lieu si, pour modifier l'état ancien, on devait se munir d'une autorisation spéciale, semblable à celle actuellement exigée pour les maisons neuves.

Le défaut d'entretien des immeubles est aussi une cause grave d'insalubrité que la législation spéciale a tenté d'amoindrir, mais à l'égard de laquelle elle est restée absolument insuffisante.

Insuffisance de la législation pour l'entretien des immeubles.

En effet, le décret du 26 mars 1852 exige bien que les façades des maisons soient constamment tenues en bon état de propreté et soient grattées, repeintes ou badigeonnées une fois tous les dix ans ; pourquoi cette mesure, édictée dans le but d'assurer aux rues de

Paris un aspect de propreté générale, n'a-t-elle pu, par suite de difficultés administratives, être appliquée de même aux façades des cours et des courettes, bien plus exposées que celles des rues à se salir, et qu'on laisse la plupart du temps dans un état vraiment malsain pour leur voisinage ?

Sans doute, en ce qui concerne la bonne tenue des diverses parties des immeubles, il existe des instructions et ordonnances précisant quelques règles à suivre; mais aucun service administratif ne paraît être chargé d'en assurer l'exécution et ces prescriptions semblent, en partie du moins, tombées dans l'oubli. Quoi qu'il en soit, si elles étaient respectées, elles seraient encore insuffisantes, et il serait indispensable notamment de réglementer un minimum de réparations et d'entretien pour les enduits des murs, les clôtures de portes et croisées, les sols, et aussi de nettoyage et de peinture pour les cabinets d'aisances, allées, vestibules et couloirs, etc.

On devrait, de même, exiger périodiquement le curage des puits et puisards, la visite et la réparation des tuyaux de chute, d'évent et appareils d'aisances, des gargouilles, caniveaux, plombs, tuyaux d'eaux pluviales et ménagères, couvertures, chéneaux, gouttières, appareils et robinets d'eau; le ramonage des conduits de fumée; l'enlèvement des fumiers, etc.; enfin toutes mesures d'entretien nécessaires à la salubrité des maisons; et cela, sans attendre que la Commission des logements insalubres s'occupe de faits se rattachant à ces différents ordres d'idées, par espèces et sur des signalements isolés, c'est-à-dire longtemps après que le mal existe.

Pour remédier aux maux et imperfections qui viennent d'être décrits, la Commission des logements insalubres a pensé qu'il y avait lieu d'établir un *Règlement spécial*, afin que nul doute ne s'élevât, dans l'avenir, sur la nature *minima* des mesures de salubrité nécessairement exigibles des constructeurs et des propriétaires.

Elle a, en conséquence, élaboré le projet de règlement suivant qu'elle a l'honneur de soumettre à l'appréciation de l'Administration, avec prière instante qu'il soit exercé une surveillance rigoureuse pour l'observation des règles de salubrité adoptées jusqu'à ce jour ou qui seront adoptées dans la suite.

PROJET DE RÈGLEMENT

CONCERNANT LA

Salubrité des constructions neuves, les modifications aux constructions existantes, et l'entretien général des propriétés dans les parties destinées à l'habitation.

TITRE Ier

DES CONSTRUCTIONS NEUVES

CHAPITRE Ier

FONDATIONS, CAVES ET SOUS-SOL

ARTICLE PREMIER. — Si le sol, sur lequel on veut asseoir les fondations d'un bâtiment, est habituellement humide ou exposé à l'envahissement des eaux par les mouvements de la nappe souterraine, notamment par les crues des eaux de rivière, on n'emploiera, pour les murs en fondation et en sous-sol, que des matériaux dits hydrofuges.

Art. 2. — Si l'on rencontre des terrains ordinaires, on pourra se contenter d'établir dans les murs, au droit du sol du rez-de-chaussée, une partie isolatrice de l'humidité du sol, laquelle partie sera construite en matériaux dits hydrofuges, aura au moins un mètre de hauteur et s'élèvera de 0m,50 en contre-haut du sol du rez-de-chaussée.

Art. 3. — Les caves, voûtées ou non voûtées, ne pourront, en aucun cas, servir à l'habitation de jour, ni à l'habitation de nuit.

Art. 4. — Les caves devront toujours être ventilées par des soupiraux, qui auront au moins 0m,60 × 0m,15 d'ouverture extérieure ou section équivalente; indépendamment des soupiraux, il sera réservé des ouvertures dans le haut des cloisons de distribution; de plus, toute porte ou trappe de communication avec les caves ne s'ouvrira jamais dans une pièce destinée à l'habitation de nuit.

Art. 5. — Les sous-sols ne pourront, en aucun cas, servir à l'habitation de nuit.

Art. 6. — Les sous-sols auront leurs murs et cloisons construits en matériaux dits hydrofuges; ils seront enduits en ciment, dans une hauteur minima de 0m,10 à leur partie basse, les parties hautes seront recouvertes de ciment ou de plâtre peint à l'huile, ou encore de lambris en menuiserie peints de même.

Art 7. — Les murs qui, dans les sous-sols, seront adossés à des terre-pleins, seront séparés des pièces habitables par des cloisons construites en matériaux dits hydrofuges, ayant au moins 0m,11 d'épaisseur, enduit non compris, et distantes des murs d'au moins 0m,05.

Art. 8. — La salubrité des parties habitables des sous-sols sera assurée par l'installation d'une cheminée dans chaque pièce et par l'ouverture de châssis vitrés à l'air libre; chacun d'eux aura au moins 1 mètre $\times$ 0^m,50, ou surface équivalente, et leur ensemble ne devra, dans aucun cas, être inférieur au 15me de la surface des pièces.

ART. 9. — Le sol desdites parties habitables des sous-sols sera formé d'une aire en matériaux dits hydrofuges, qui aura au moins 0^m,12 d'épaisseur.

CHAPITRE II

REZ-DE-CHAUSSÉE ET ÉTAGES DIVERS

ART. 10. — Pour les rez-de-chaussée destinés à l'habitation, le niveau du sol devra toujours être d'au moins 0^m,16 en contre-haut du niveau des rues, cours ou passages qui l'avoisinent.

ART. 11. — Quand le sol des rez-de-chaussée sera formé par un plancher, ce dernier devra être en fer hourdé plein en matériaux dits hydrofuges. Dans le cas où le sol sera un terre-plein, il devra être muni, sur toute la surface, d'une aire semblable à celle prescrite pour les sous-sols, et sur laquelle on placera, en outre, un parquet, dans les pièces destinées à l'habitation de nuit.

ART. 12. — Les murs extérieurs des rez-de-chaussée destinés à l'habitation, seront construits en matériaux dits hydrofuges, et ne pourront avoir moins de 0^m,22 d'épaisseur, enduit non compris.

ART. 13. — Les murs intérieurs et extérieurs des rez-de-chaussée auront leurs faces intérieures enduites en ciment dans une hauteur minima de 0^m,10 en contre-haut du sol; le reste sera en plâtre ainsi que les plafonds.

ART. 14. — Les murs des rez-de-chaussée adossés à des terrepleins seront séparés des pièces habitables par des cloisons d'isolement, semblables à celles indiquées pour les sous-sols à l'art. 7.

ART. 15. — Les logements à rez-de-chaussée auront au moins 2^m,80 de hauteur; toute partie de ces logements, pouvant servir à l'habitation, sera munie d'une cheminée, aura un cube d'au moins 20 mètres et sera aérée et éclairée directement par une ou plusieurs baies, dont l'ensemble des ouvertures, mesurées entre tableaux, représentera au moins le 8e de la surface des pièces, sans que cependant l'unique baie d'une pièce habitable puisse avoir moins de 2 mètres de section.

ART. 16. — Toute pièce à destination de loge de concierge, à rez-de-chaussée ou dans les étages, ne pourra avoir moins de 30 mètres cubes.

ART. 17. — Toutes les pièces des rez-de-chaussée seront peintes à l'huile dans une hauteur d'au moins 1 mètre au dessus du sol, le reste devant être peint à l'huile, à la chaux ou à la colle, ou recouvert de papier de tenture.

ART. 18. — Les logements des divers étages, entre le rez-de-chaussée et l'étage des combles, auront des clôtures extérieures d'au moins 0^m,20 d'épaisseur, enduit compris; ils devront avoir au moins 2^m,60 de hauteur et être plafonnés en plâtre; toute partie de ces logements, pouvant servir à l'habitation de jour ou de nuit, aura un cube d'au moins 18 mètres et sera éclairée et aérée directement par une ou plusieurs baies dont l'ensemble des ouvertures, mesurées entre tableaux, représentera au moins le 9e de la surface des pièces, sans que cependant l'unique baie d'une pièce habitable puisse avoir moins de 2 mètres de section ; chacune desdites pièces sera munie d'une cheminée et, aura ses parois enduites en plâtre et peintes, ou recouvertes de papier de tenture.

ART. 19. — Dans l'étage des combles, chaque pièce pouvant servir à l'habitation ne devra pas avoir moins de 2^m,60 de hauteur, à la partie la plus élevée du rampant, ni moins de 18 mètres cubes. Elle sera plafonnée en plâtre et ses parois, enduites également en plâtré, seront peintes ou recouvertes de papier de tenture ; ladite pièce sera éclairée et aérée directement par un ou plusieurs châssis représentant au moins le 15e de sa surface, sans toutefois que la section des baies soit moindre que 0^m,50 décimètres cube ; puis elle sera munie d'une cheminée, et devra être séparée de la couverture par un hourdis plein, entre chevrons.

ART. 20. — Les allées, vestibules, couloirs communs et cages d'escaliers seront clairs et bien aérés, et auront leurs parois peintes à l'huile, au moins dans une hauteur de 1^m,50, le reste à la chaux ou à la colle.

ART. 21. — Les jours de souffrance ou de tolérance ne pourront jamais être considérés comme jours d'aération.

CHAPITRE III

FOSSES ET CABINETS D'AISANCES

ART. 22. — L'écoulement des eaux vannes des fosses d'aisances aux égouts publics, avec appareils diviseurs, sera exigible pour toute construction neuve, établie sur un terrain bordant une voie publique pourvue d'un égout municipal, et ce, dans les conditions prévues par l'article 2 de l'arrêté préfectoral du 2 juillet 1867.

ART. 23. — Les caveaux contenant les appareils seront ventilés à l'air libre et séparés des caves, couloirs ou autres parties de l'immeuble, par des murs en maçonnerie enduits en ciment, avec une porte fermant hermétiquement.

ART. 24. — Tout branchement particulier, destiné au service de la vidange par l'égout public, aura sa baie de communication avec l'immeuble hermétiquement fermée par une porte en fer, au droit du mur de face de la propriété.

ART. 25. — Dans le cas où il n'existerait pas d'égout public en bordure du terrain sur lequel la construction sera établie, les fosses fixes ou mobiles seront tolérées.

ART. 26. — Les fosses fixes seront établies conformément à l'ordonnance royale du 24 septembre 1819 et à l'ordonnance de police du 1er décembre 1853 ; toutefois elles ne pourront plus être construites sous le sol des caves, et leurs pierres d'extraction devront toujours être placées à ciel ouvert.

ART. 27. — Les caveaux ou réduits contenant les fosses mobiles devront, en plus des prescriptions spéciales de l'ordonnance du 1er décembre 1853, être munis d'un tuyau d'évent conforme à celui exigé pour les fosses fixes par l'art. 16 de ladite ordonnance ; ils devront être séparés des caves, couloirs ou autres parties de l'immeuble, par des murs en maçonnerie dits hydrofuges, enduits en ciment, et avoir, en tous cas, leur trappe ou porte d'extraction à ciel ouvert.

ART. 28. — Tout logement, comprenant trois pièces qui peuvent servir de chambres à coucher, sera pourvu d'un cabinet d'aisances particulier, ayant au moins $2^m,60$ de hauteur $\times$ $1^m,20$ de profondeur et $0^m,90$ de largeur ; ce privé sera éclairé et aéré directement à l'air libre par un châssis vitré d'au moins $0^m,60 \times 0^m,40$ d'ouverture, ou surface équivalente, et ses murs et plafonds seront peints à l'huile à base de zinc ton clair ; le siège sera muni d'un appareil à fermeture hermétique.

Art. 29. — A défaut de cabinets d'aisances particuliers dans les logements, il sera établi des cabinets communs, dans chaque corps de logis, à raison de un au moins pour deux étages et pour 80 mètres de surface habitable. Ces cabinets communs seront établis dans les conditions indiquées à l'art. 28 pour les cabinets particuliers ; — toutefois leurs baies d'éclairage et d'aération seront disposées de manière à y maintenir une ventilation permanente à l'air libre, et ne pourront être fermées que par des châssis verticaux à lames de persiennes, ou des châssis de comble vitrés portés sur fourchettes d'isolement ; — de plus, le siège et le sol de ces cabinets communs seront établis en matériaux imperméables et imputrescibles ; le siège sera élevé de $0^m,20$ au moins et de $0^m,35$ au plus au-dessus du sol, avec appareil à fermeture hermétique fonctionnant automatiquement, et le sol portera pente vers un trou pratiqué au bas du siège, au-dessus de la valve de l'appareil, pour l'écoulement des liquides dans la fosse ; enfin les murs où cloisons seront construits et revêtus en matériaux imperméables et imputrescibles, à surface lisse dans une hauteur d'au moins $1^m,50$; les parois seront également à surface lisse, avec angles arrondis suivant un rayon de $0^m,10$.

Art. 30. — Les cabinets d'aisances ne pourront avoir leurs baies d'aération pratiquées dans des murs séparatifs de propriétés voisines, comme il est dit à l'article 21 du présent règlement.

CHAPITRE IV

CHAUFFAGE, CUISINE ET ÉCLAIRAGE

ART. 31. — Dans toute pièce contenant une cheminée ou une ouverture communiquant à un tuyau de fumée, il sera établi une ventouse, dont le conduit partira de l'extérieur du bâtiment et aboutira à la partie inférieure de la pièce, à proximité du foyer ; la section du conduit de ventouse aura au moins $0^m,10 \times 0^m,10$, ou surface équivalente.

ART. 32. — Les fourneaux potagers, mobiles ou non, seront, dans tous les cas, surmontés d'une hotte munie d'un tuyau, qui aura au moins $0^m,22 \times 0,19$ de section ou surface équivalente.

ART. 33. — Les tuyaux de fumée servant aux cheminées, poêles, calorifères et fourneaux s'élèveront au moins jusqu'à la partie supérieure des bâtiments où ils se trouveront, et aussi jusqu'à la hauteur des bâtiments d'habitation voisins, dans le cas où les façades de ceux-ci ne seront pas distantes d'au moins 10 mètres.

ART. 34. — Les tuyaux de fumée, destinés à des usages industriels, s'élèveront au moins à 5 mètres de hauteur en contre-haut des bâtiments d'habitation placés dans un rayon de 50 mètres autour d'eux.

ART. 35. — Les foyers alimentés par le gaz et servant au chauffage des pièces seront pourvus d'un tuyau de cheminée, pour l'évacuation des produits de la combustion, et qui aura au moins $0^m,22 \times 0^m,19$ de section.

Art. 36. — Les fourneaux de cuisine, alimentés par le gaz brûlant à l'air libre, aussi bien que ceux dans lesquels la combustion se fera dans une enveloppe fermée, seront surmontés, comme les fourneaux potagers, d'une hotte établie dans les mêmes conditions.

Art. 37. — Dans les chambres, salles à manger, salons, cuisines, cabinets, couloirs, cages d'escaliers, qui sont éclairés au gaz, il devra toujours être pourvu à une ventilation suffisante. A cet effet, il sera pratiqué, à leur partie supérieure, des orifices de conduits d'évacuation, qui déboucheront directement à l'air libre, et dont la section totale devra au moins représenter vingt-cinq centimètres carrés, par chaque bec de gaz brûlant 100 litres à l'heure.

Art. 38. — Les dispositions contenues au présent chapitre IV s'ajouteront à celles énoncées dans les arrêtés du 18 février 1862 et du 2 avril 1868, qui sont relatifs au chauffage et à l'éclairage au gaz, et à celles de l'ordonnance du 15 septembre 1875 concernant les incendies.

CHAPITRE V

EAUX PLUVIALES ET MÉNAGÈRES

Art. 39. — Les couvertures des bâtiments pouvant servir à l'habitation seront faites en matériaux durs et imperméables; les appuis en plâtre des baies de croisée seront garnis en zinc ou en plomb.

Art. 40. — Des chéneaux ou gouttières recevront les eaux pluviales, à la partie basse des couvertures, et les écouleront par des tuyaux de descente : lesdits chéneaux ou gouttières auront des pentes bien réglées et des dimensions en rapport avec des surfaces des couvertures; ils seront munis de crapaudines à l'orifice des tuyaux de descente, et ne pourront, en aucun cas, recevoir les eaux ménagères.

ART. 41. — Tout logement, qui comprendra trois pièces pouvant servir de chambres à coucher, sera pourvu d'une cuvette d'eaux ménagères à bonde syphoïde, placée dans un endroit clair et ventilé. Si ledit logement contient une cuisine, celle-ci sera pourvue d'une pierre d'évier, à bonde syphoïde, qui pourra tenir lieu de la cuvette précitée.

ART. 42. — Pour le service des logements composés de moins de trois pièces, pouvant servir de chambres à coucher, et qui n'ont ni cuvette d'eaux ménagères ni pierre d'évier, il sera établi des cuvettes d'eaux ménagères, à usage commun, dans chaque corps de logis, à raison d'une au moins par étage et par 80 mètres de surface habitable; ces cuvettes seront installées dans les mêmes conditions que celles indiquées à l'article 41, et, en plus, seront aérées directement à l'air libre.

ART. 43. — Les eaux ménagères, provenant des cuvettes et des pierres d'évier, seront directement reçues dans des tuyaux de descente qui les dirigeront à l'égout public, par une canalisation souterraine, chaque fois que le terrain, sur lequel sera établie la construction, bordera une voie publique pourvue d'un égout municipal.

ART. 44. — Dans le cas où la voie publique adjacente à la propriété ne sera pas pourvue d'un égout municipal, les eaux pluviales et ménagères s'écouleront à niveau du sol du rez-de-chaussée, à partir des tuyaux de descente jusqu'à la rue, et ce, dans les conditions énoncées ci-après.

ART. 45. — Dans la traversée des bâtiments, les eaux pluviales et ménagères s'écouleront par des gargouilles ou caniveaux, portant pente suffisante, et recouverts de dalles en pierre ou de plaques en fonte, soit mobiles, soit fixes avec regards réservés au moins de cinq mètres en cinq mètres. — Ces gargouilles ou caniveaux ne pourront, dans aucun cas, traverser un logement; quand ils traverseront des allées, vestibules ou couloirs communs, ceux-ci devront être très-éclairés et en communication permanente, par une large baie, avec l'air extérieur; de plus, les gargouilles ou caniveaux devront toujours occuper la position la plus éloignée possible des parties pouvant servir à l'habitation.

Art. 46. — Le sol des cours sera réglé avec pente suffisante pour assurer le prompt et facile écoulement des eaux pluviales; il y sera établi, le long des bâtiments d'habitation, des parties pavées, dallées ou bitumées, ayant au moins 3 mètres de largeur, avec cuillères en pierre sous les tuyaux de descente.

Art. 47. — Dans la traversée des cours, les gargouilles, caniveaux et ruisseaux devront être distants d'au moins un mètre des bâtiments d'habitation; si les ruisseaux sont pavés, ils devront être jointoyés au ciment ou au bitume.

Art. 48. — Le sol des courettes sera dallé ou bitumé, avec pente pour l'écoulement exclusif des eaux pluviales, tombant directement vers une bouche placée au niveau du sol, et qui, munie d'un syphon obturateur, sera le plus distante possible des bâtiments.

Art. 49. — Les eaux pluviales et ménagères des bâtiments adjacents aux courettes devront être directement conduites, par des tuyaux de descente, jusqu'à la bouche précitée, d'où elles s'écouleront conformément aux prescriptions des articles 43 et suivants du présent règlement.

CHAPITRE VI

COURS ET COURETTES

ART. 50. — Toute propriété, munie d'une fosse fixe ou mobile, devra contenir une cour ou une courette.

ART. 51. — Toute cour sur laquelle prendront jour et air des pièces pouvant servir à l'habitation, aura des dimensions de longueur et largeur en rapport avec la hauteur des bâtiments environnants. — Ces dimensions seront déterminées, au devant de ceux-ci, par le point d'intersection, avec le sol de la cour, d'une ligne inclinée à 18 degrés, à partir de l'arase supérieure des murs ; chacune desdites dimensions ne pourra, dans aucun cas, être inférieure à 3m,50.

ART. 52. — Toute courette devra être en communication avec l'extérieur par un passage à usage commun.

ART. 53. — Toute courette, qui servira à éclairer ou aérer des cuisines, devra avoir au moins 8 mètres de surface, le petit côté ne pouvant être inférieur à 2 mètres.

ART. 54. — Toute courette, sur laquelle seront exclusivement éclairés et aérés des cabinets d'aisances, vestibules ou couloirs, devra avoir au moins 4 mètres de surface, le petit côté ne pouvant être inférieur à 1m,60.

ART. 55. — Au dernier étage des corps de logis, on pourra tolérer que des pièces, servant à l'habitation, prennent jour et air sur les courettes ne servant pas à éclairer et aérer des cabinets d'aisances, ou ayant, dans ce dernier cas, au moins 12 mètres de surface.

ART. 56. — Aucune cour ne pourra être couverte, si elle n'a au moins 50 mètres de surface, et encore devra-t-elle être munie d'un châssis ventilateur, à lames verticales, ayant au moins le tiers de sa surface et 0ᵐ,50 de hauteur.

ART. 57. — Il est interdit d'établir des combles vitrés, dans les cours, au-dessus de parties sur lesquelles sont éclairées et aérées, soit des pièces pouvant servir à l'habitation, soit des cuisines, soit des cabinets d'aisances.

ART. 58. — Les façades enduites en plâtre, sur les cours ou courettes, seront peintes à l'huile, au moins dans la hauteur du rez-de-chaussée, le reste à la chaux.

CHAPITRE VII

EAU SALUBRE

ART. 59. — Chaque propriété, contenant un ou plusieurs bâtiments, sera fournie, à l'intérieur, d'eau provenant obligatoirement de la canalisation des eaux de la Ville, chaque fois qu'il en existera une dans le voisinage de l'immeuble; soit d'un puits; soit enfin, dans le cas où la construction d'un puits ne serait pas possible, par tout autre moyen, de telle sorte qu'il y ait, en tout temps, de l'eau de bonne qualité et en quantité suffisante, pour assurer la salubrité; ladite eau calculée, par jour, à raison de : 3 décilitres par mètre cube de bâtiments, 3 litres par mètre de surface d'allées, écuries et cours, et 25 litres par chaque cabinet d'aisances commun.

ART. 60. — Tout service d'eau à usage commun, placé à l'extérieur, sera distant d'au moins 1m,50 des bâtiments destinés à l'habitation.

ART. 61. — Dans le cas de service d'eau à usage commun, placé à l'intérieur, les réservoirs, cuvettes ou robinets d'eau seront séparés des habitations par des constructions en matières dures, imperméables et imputrescibles. — L'écoulement des eaux de débord sera régulièrement assuré, et le sol autour des robinets d'eau, dans un rayon de 1m,50, sera : à l'intérieur, dallé ou bitumé; à l'extérieur, dallé, bitumé ou pavé, avec joints au ciment ou au bitume.

ART. 62. — Dans le cas où plusieurs tuyaux de descente amèneront des eaux ménagères dans une cour, il sera établi, à la partie la plus élevée des gargouilles ou caniveaux, une ou plusieurs bouches d'eau destinées à faciliter leur lavage.

CHAPITRE VIII

PERMIS D'HABITATION

ART. 63. — Les bâtiments ou parties de bâtiments, de construction nouvelle, ne pourront être habités sans une autorisation spéciale de l'Administration.

ART. 64. — L'autorisation d'habiter sera délivrée, après une visite des localités par un agent du service compétent, et après que celui-ci aura constaté que les prescriptions du présent règlement et de tous autres règlements en vigueur ont été suivies, que les matériaux employés ont atteint un degré de sicçité suffisant, et qu'il n'existe, d'ailleurs, aucune cause d'insalubrité.

ART. 65. — L'Administration statuera, dans le délai de 20 jours, sur toute demande en autorisation d'habitation.

CHAPITRE IX

CAS PARTICULIERS

ART. 66. — Si, dans certains cas particuliers, des difficultés se présentent, pour l'application du présent règlement, leur appréciation sera soumise à l'examen de la Commission des Logements insalubres, qui donnera son avis à leur égard, avant toute autorisation relative aux Travaux.

TITRE II

DES MODIFICATIONS AUX CONSTRUCTIONS EXISTANTES

ART. 67. — Les dispositions de l'art. 4 du décret du 26 mars 1852 sont applicables, dans le cas de modifications à faire dans un immeuble.

Art. 68. — Les dispositions contenues dans le Titre Ier du présent règlement sont applicables dans le cas de modification des constructions existantes.

TITRE III

DE L'ENTRETIEN DES MAISONS

Art. 69. — Tout corps de bâtiment, servant à l'habitation, sera dans un état constant de bonne tenue et de propreté.

Art. 70. — Les enduits des murs, pans de bois, cloisons et plafonds seront réparés, de manière qu'il n'y ait jamais ni lézardes ni crevasses pouvant donner passage à l'air extérieur, à des infiltrations d'eau pluviale, ou des amas de poussières malsaines.

Art. 71. — Les portes et les croisées seront toujours en bon état de clôture.

Art. 72. — Les sols des allées, vestibules, escaliers, couloirs et cabinets d'aisances communs, seront maintenus unis, sans trous ou enfoncements d'aucune sorte; ceux des cours et courettes, ainsi que les ruisseaux, seront toujours dressés de manière qu'il ne s'y forme aucun dépôt ou cloaque. Ces divers sols seront l'objet de lavages fréquents.

Art. 73. — Les tuyaux de chute et d'évent, les appareils d'aisances, les gargouilles, les caniveaux, plombs, tuyaux d'eaux pluviales et ménagères, les couvertures, chéneaux, gouttières, canalisation et les appareils pour l'eau et le gaz seront toujours en bon état de fonctionnement.

Art. 74. — Les tuyaux de cheminées seront visités et ramonés chaque fois qu'il sera utile, et au moins une fois par année. Les entrepreneurs de ramonage devront inscrire sur un registre spécial, déposé dans chaque immeuble, le nombre et la nature des ramonages effectués par eux.

Art. 75. — Les puits et puisards seront curés chaque fois qu'il sera utile, et, en tous cas, au moins une fois tous les trois ans.

Art. 76. — Les bâtiments servant aux animaux seront propres; les fumiers en devront être enlevés, une fois au moins tous les cinq jours; et, dans l'intervalle des enlèvements, ils seront conservés sur des emplacements parfaitement étanches, à l'exclusion des trous dits à fumier, qui seront supprimés partout où ils existent.

Art. 77. — Les façades en plâtre sur rue, cours ou courettes, et les parois des allées, vestibules, escaliers et couloirs communs, seront grattées à vif et repeintes, au minimum, une fois tous les dix ans.

Art. 78. — Les façades en pierre ou en brique, seront nettoyées, au minimum, une fois tous les dix ans.

Art. 79. — Les murs et boiseries des cabinets d'aisances communs seront lessivés chaque année, et repeints, au minimum, une fois tous les trois ans.

TITRE IV

PÉNALITÉS

ART. 80. — Les contrevenants au présent règlement seront passibles des peines portées à l'article 471 du Code pénal et à l'article 161 du Code d'instruction criminelle.

QUESTIONS DIVERSES ET VŒUX

SE RATTACHANT AU

PROJET DE RÈGLEMENT SUR LA SALUBRITÉ DES CONSTRUCTIONS

Comme corollaire au précédent Projet de règlement, la Commission croit devoir indiquer certains *desiderata* concernant l'hygiène des habitations, et ayant aussi pour but de préserver la santé et la vie d'un grand nombre d'ouvriers.

PREMIÈRE QUESTION

EMPLOI DE MATIÈRES TOXIQUES

Parmi les matériaux employés dans la construction des maisons, il en est qui présentent de graves dangers.

On doit citer, par exemple, la *céruse* ou carbonate de plomb (1), qui entre dans la composition des peintures, du mastic des vitriers, comme dans la fabrication de certains papiers peints, et qui pro-

---

(1) Voir pièces annexes nᵒˢ 8, 9 et 10, page 69 et suivantes.

voque, chez ceux qui la manipulent, une intoxication pour ainsi dire fatale, par l'introduction dans leur organisme d'émanations saturnines par les voies respiratoire et cutanée. — Cette substance, condamnée par tant de savants et d'hygiénistes, en raison des ravages qu'elle cause dans la santé publique, devrait enfin être proscrite et laisser la place à une substance inoffensive, telle que l'oxyde, connu sous le nom de *blanc de zinc*, qui, indépendamment de la raison de salubrité, a sur elle l'avantage de ne pas se noircir sous l'influence des émanations sulfureuses.

Les mêmes raisons militent pour la prescription de *l'étamage au mercure* des glaces-miroirs (1), et pour l'adoption, à sa place, du procédé de *métallisation par l'argent*.

Il y a lieu de signaler aussi l'impression des papiers de tenture, pour laquelle on emploie les mordants à la *céruse*, ainsi qu'il vient d'être dit, et qui entraîne encore, pour la fabrication des couleurs, l'immixtion de certaines quantités de *mercure et d'arsenic*. Les conséquences de cette immixtion sont à redouter (1), non seulement pour les ouvriers imprimeurs, au moment de la fabrication, mais aussi pour les habitants des chambres où les papiers sont collés, en raison des poussières qui, à la longue, se dégagent des parois et se mêlent à l'air respirable qu'elles rendent des plus insalubres.

DEUXIÈME QUESTION

COLLAGE DE PAPIERS DE TENTURE. — PEINTURE AU LAIT DE CHAUX

L'emploi de la *colle de pâte* et du *lait de chaux*, mélangé de gélatine, s'effectue souvent dans des conditions fâcheuses (2).

---

(1) Voir pièces annexes nos 8, 9 et 10, page 69 et suivantes.
(2) Voir pièce annexe no 11.

C'est ainsi que, pour le collage des papiers de tenture ou pour la peinture des plafonds et de quelques surfaces murales, on se sert souvent des matières précitées, alors qu'elles ont atteint un degré réel de corruption : il s'en dégage alors des odeurs malsaines pouvant produire une véritable intoxication chez les habitants qui les respirent.

Il arrive encore que des papiers de tenture sont collés sur des papiers anciens, qu'on ne prend pas la peine d'arracher au préalable, et qui contiennent parfois, par suite de décomposition de la colle de pâte originairement employée, un grand nombre de moisissures et même des vers, ce qui introduit dans l'air respirable des pièces autant de causes d'insalubrité.

TROISIÈME QUESTION

ACCÈS DES COUVERTURES

Les ouvriers maçons, couvreurs et fumistes, sont victimes d'accidents, qui résultent des difficultés d'accès présentées par les couvertures d'un grand nombre de maisons.

QUATRIÈME QUESTION

ORDURES MÉNAGÈRES

On éprouve dans les maisons une grande difficulté à se débarrasser des *ordures de ménage*, qui ne peuvent être portées à la voiture publique qu'à certaines heures matinales; et cela a pour résultat fréquent l'encombrement des cuisines et des autres parties des immeubles par toutes sortes de matières en décomposition, qui exhalent des odeurs infectes et sont partout dangereuses pour la santé des habitants.

VŒUX

En conséquence des faits exposés ci-dessus, la commission émet les *vœux* suivants, savoir :

PREMIER VOEU

Que l'Administration rappelle au public les dangers qui résultent :

1° De l'emploi de la céruse dans les peintures, de l'étamage au mercure des glaces-miroirs, et de l'immixtion de substances toxiques dans l'impression des papiers de tenture ;

2° De l'emploi, pour le collage des papiers de tenture et pour la peinture au lait de chaux, mélangé de gélatine, de matières arrivées à l'état de corruption ;

3° Des difficultés d'accès des couvertures et du manque de protection pour les ouvriers qui y travaillent.

DEUXIÈME VOEU

Que l'Administration incite les Architectes et Entrepreneurs étrangers, et, en ce qui la concerne, oblige ses propres Architectes et Entrepreneurs :

1° A remplacer les substances toxiques employées pour les peintures, l'étamage des glaces et l'impression des papiers de tenture par des produits inoffensifs ;

2° A n'employer pour le collage des papiers de tenture et la peinture au lait de chaux, mélangé de gélatine, que des matières absolument fraîches, et à ne coller aucun papier de tenture sur les parois d'une pièce avant qu'il n'ait été procédé à l'arrachage complet des papiers préexistants ;

3° A réserver, sur les couvertures des bâtiments, des escaliers avec marches en zinc ou en plomb, ou tout au moins des crochets en fer, pour faciliter l'accès des ouvriers ; et à établir un garde-corps au pied de chaque couverture.

TROISIÈME VOEU

Que l'Administration mette à l'étude un système d'appareils mobiles et étanches, à placer dans les maisons, pour le dépôt des

6

ordures ménagères qui sont enlevées quotidiennement par les voitures publiques.

Le Rapporteur,

Edm. ALLARD.

Le présent rapport a été adopté par la Commission des Logements Insalubres, dans ses séances du 31 mai et du 14 juin 1880.

Les Vice-Présidents :

Dr PERRIN, GRANDPIERRE, GILLET Vital.

Les Secrétaires :

BUISSET, Louis LEGUAY, Dr MAUGIN.

PIÈCES ANNEXES

PIÈCE ANNEXE N° 1

Extraits des rapports généraux de la Commission des Logements insalubres

---

Dans son rapport général sur les travaux de la Commission pendant l'année 1851, M. Trébuchet s'exprime ainsi :

« La Commission s'est demandé s'il ne serait pas utile que son
« attention se portât sur les *constructions mêmes*, qui sont si mal
« entendues au point de vue de la salubrité et de l'hygiène. Mais
« elle a pensé que cette question était étrangère à sa mission, telle
« qu'elle est déterminée par la loi. Le pouvoir législatif pourrait
« seul statuer sur cette matière. »

Le rapport de MM. Robinet et Trébuchet, relatif aux années 1852 à 1856, revient encore sur le même sujet;

Après avoir signalé l'intérêt qu'il y aurait à ce que :

« La construction fut sévèrement surveillée, au point de vue de « l'hygiène et de la salubrité ». Ce rapport reconnaît qu'il a été répondu, en partie, au vœu que la Commission a émis à cet égard, par le décret du 26 mars 1852.

« Ce décret, obligeant tout constructeur de maisons à adresser à « l'Administration un plan et des coupes cotés des constructions « qu'il projette, et à se soumettre aux prescriptions qui lui seront « faites dans l'intérêt de la santé publique et de la salubrité. »

Mais, en rappelant ces dispositions, la Commission ajoute qu'elle serait heureuse de voir prescrire la « réserve de cours suffisantes « pour assurer la salubrité des maisons, en raison de la tendance « fâcheuse que l'on a de faire, au lieu de cours, des espèces de « puits, qui ne sauraient remplir aucune des conditions d'utilité « attribuées aux cours des maisons. »

Elle insiste également pour que « les plans des maisons à « construire soient examinés, non seulement au point de vue de la « sûreté publique et de la grande voirie, mais encore au point de « vue de la salubrité, suivant les termes mêmes du décret précité. »

Et « que la maison ne soit habitée qu'après la réception par le « Commissaire-Voyer, c'est-à-dire après qu'on aura constaté que les « plans approuvés par la grande voirie ont été exécutés. »

Et le rapport conclut que :

« La Commission, qui s'est déjà mise à la disposition de M. le « Préfet pour l'examen des plans au point de vue de la salubrité,

« croit devoir de nouveau appeler snr ce point son attention la plus
« sérieuse. »

Le rapport de MM. Robinet et Trébuchet, relatif aux travaux de la
Commission pendant les années 1857 à 1859, se trouve amené à
mettre en doute, à propos d'un exposé des travaux de la Commission,
la compétence des Agents chargés de faire exécuter les prescriptions
de salubrité. Voici dans quels termes il s'exprime à cet égard :

« La Commission, par l'organe de son Vice-Président, avait
« exprimé le vœu que des Architectes fussent spécialement chargés
« de veiller à l'exécution des travaux prescrits aux propriétaires.
« Nous pensions, Monsieur le Préfet, que des Architectes spéciaux
« qui assisteraient à nos séances, qui se pénétreraient de l'esprit de
« la loi et de la jurisprudence de la Commission, seraient plus aptes
« encore que MM. les Commissaires-Voyers ordinaires à veiller à
« l'exécution des mesures prescrites.

« Nous croyons devoir, Monsieur le Préfet, renouveler ce vœu,
bien persuadés qu'il fixera votre attention à un moment donné. »

Et plus loin ce même rapport, revenant sur la question des
maisons neuves, signale que malgré l'examen préalable des plans,
prescrit par le décret du 27 mars 1852, malgré « la vigilance de
« MM. les Commissaires-Voyers, dans un assez grand nombre de
« maisons neuves, les constructions avaient été exécutées de telle
« sorte que la Commission des Logements insalubres a dû proposer
« de les modifier immédiatement. »

Le rapport conclut de ce fait :

« Que la Commission spéciale n'a pas suffisamment insisté sur
« les conditions de salubrité des maisons dont elle a approuvé les
« plans, ou que ces plans n'ont pas été respectés par les construc-

« teurs. Il réclame, en conséquence, l'appui énergique de M. le
« Préfet et l'application sévère du décret du 26 mars 1852, car la
« mission de la Commission des Logements insalubres devient
« excessivement délicate et pénible, lorsqu'il faut qu'elle fasse
« prescrire, pour une maison quelquefois à peine habitée, de nou-
« veaux travaux, par conséquent de nouvelles dépenses, et souvent
« des modifications qui peuvent altérer les combinaisons sur
« lesquelles sont fondés les calculs du propriétaire. »

« Enfin le rapport précité signale, entre autres faits regrettables,
« un abus qui tend à se répandre de plus en plus au détriment de
« la salubrité des maisons, c'est la conversion des cours en maga-
« sins, au moyen de vitrages disposés à la hauteur du premier
« plancher et souvent plus haut. »

La couverture des cours, énonce-t-il, « a presque toujours pour
« résultat d'intercepter tout courant d'air entre les diverses parties
« des bâtiments dont une maison est composée. Elle n'est pas
« moins préjudiciable aux pièces du rez-de-chaussée, qu'elle convertit
« pour ainsi dire en caves privées d'air et de lumière. »

Le rapport de MM. Trébuchet et Robinet, relatif aux travaux de la
« Commission, pendant les années 1860 et 1861, insiste encore sur
« les applications dont est susceptible le décret du 25 mars 1852,
« en ce qui concerne la salubrité des maisons neuves, » et ajoute
ce qui suit :

« Les termes généraux de l'article 4 et l'esprit, qui a présidé à la
« rédaction du décret tout entier, ne permettent pas de douter que
« les prescriptions de l'Administration ne puissent s'appliquer, non
« seulement à la disposition générale et à la distribution des locaux
« projetés, mais encore à la nature des matériaux et au mode
« d'emploi des matériaux.

« C'est ainsi que telle construction destinée à recevoir des dépôts
« de marchandises, telle autre devant abriter des ateliers occupés
« surtout pendant le jour, ou devant servir à l'usage d'écuries,
« d'étables ou de remises, pourraient être élevées dans des condi-
« tions inapplicables à des logements proprement dits. Ils pour-
« raient se composer, à la rigueur, de cloisons en bois ou autres
« matériaux de faible épaisseur, et être recouverts d'une toiture
« légère et sans plafonnage.

« Ce système de construction ne peut pas être admis pour des
« bâtiments ou parties de bâtiments destinés à l'habitation de jour
« et de nuit. Pour ceux-là, la sûreté publique, aussi bien que la salu-
« brité exigent des constructions plus solides et des murs de face
« plus épais, susceptibles d'offrir de la résistance aux incendies, et
« des cloisons établissant des séparations effectives entre les loca-
« taires. Enfin, ces bâtiments doivent être couverts et clos, de façon
« que les familles soient à l'abri des intempéries des saisons et des
« infiltrations d'eaux pluviales. »

« Il importe également que les habitations soient largement
« pourvues de tous leurs accessoires; cuvettes, tuyaux pour l'écou-
« lement des eaux ménagères, latrines établies, autant que pos-
« sible, avec réservoir et fermeture hermétique. On doit les multi-
« plier, afin de remédier aux inconvénients de ces réduits appelés
« des communs, dont l'entretien de propreté n'incombe spéciale-
« ment à personne, et qui deviennent, faute de soins et d'eau, des
« foyers pestilentiels. »

« Après quoi, le rapport énonce, entre autres remarques, qu'en
« général les constructeurs ne sont point suffisamment pénétrés de
« l'esprit du décret du 26 mars 1852, en ce qui concerne la salu-
« brité; ou, ce qui est plus probable, qu'ils s'écartent quelquefois
« et sciemment des plans approuvés par l'Administration. »

Le rapport de M. Robinet sur les travaux de la Commission pendant les années 1862 à 1865, accuse, comme ceux des années précédentes, de graves préoccupations au sujet de la construction des maisons neuves.

« Il est difficile, observe-t-il, de tolérer les exemples plus ou « moins fâcheux donnés par des entrepreneurs, dûment avertis « cependant, des exigences de la nouvelle législation. »

« Si la tolérance de certaines imperfections est admise, c'est assu- « rément dans les maisons anciennes, édifiées avant la promulga- « tion de la loi; mais, si l'on fermait les yeux sur la reproduction, « dans des maisons nouvellement construites, des dispositions « vicieuses qui rendent insalubres les maisons anciennes, disposi- « tions que la vétusté ne manquerait pas d'aggraver, bientôt l'ap- « plication de la loi de 1850 deviendrait très difficile. »

« La Commission croit devoir s'opposer au renouvellement des « abus que la loi de 1850 a pour but de faire disparaître. »

« Elle croit qu'il vaut mieux, par quelques exemples, donner aux « constructeurs un avertissement salutaire que de les laisser s'en- « gager dans une mauvaise voie, pleine d'embarras et de difficultés « tant pour les propriétaires que pour l'autorité municipale. »

Après cette déclaration, le rapport de M. Robinet entre dans certains détails intéressants.

« Il appelle l'attention de l'Administration sur l'usage, qui tend « à s'établir, de convertir en habitations permanentes des sous-sols « ou des locaux dont les planchers sont en contre-bas du sol. »

Il insiste également: « sur les inconvénients des rez-de-chaus- « sée habités d'une façon permanente, lorsqu'ils ne sont éclairés et

« aérés que sur des cours d'une dimension insuffisante, entourées de
« bâtiments d'une grande hauteur. »

Il signale enfin comme un abus l'installation des soupentes dans
les loges de concierge des maisons neuves, et dénonce « les incon-
« vénients que présentent les chambres de domestiques installées
« dans les combles. Ces chambres à peine plafonnées, souvent même
« séparées de la toiture en zinc par un simple enduit d'une très
« faible épaisseur, presque toujours dépourvues de cheminées, sont
« glaciales en hiver, et peuvent acquérir en été une chaleur insup-
« portable. »

« En conséquence, la commission émet le vœu qu'il soit pris, par
« tel moyen légal jugé le plus efficace, des mesures *préventives*
« capables d'empêcher le renouvellement de ces abus. »

Le rapport de M. Chauveau-Lagarde, sur les travaux de la Commission pendant les années 1866 à 1869, après un exposé des
faits d'insalubrité relatifs aux sous-sols, cours et courettes, etc.,
renouvelle le vœu formulé par les précédents rapports :

« Que l'Administration municipale continue à soumettre à un
« sérieux examen les plans présentés chaque jour à son approbation,
« de manière à en faire disparaître, dans la limite du possible, les
« dispositions vicieuses qui viennent d'être signalées. »

Enfin, le rapport de M. Perrin, sur les travaux de la Commission
pendant les années 1870 à 1876, constate que l'insalubrité dans les
maisons consiste le plus souvent dans l'inobservation des règlements
et notamment des ordonnances de police du 23 novembre 1853 et
du 5 juin 1834, et concluant, pour les constructions, à certaines
exigences de détail nécessaires, s'exprime, comme il suit, à l'égard
de plusieurs d'entre elles :

« La substitution de tinettes filtrantes aux fosses mobiles

7

« ordinaires, si défectueuses à tant d'égards, améliorerait considé-
« rablement la salubrité intérieure des habitations. »

« Dans toute construction neuve en bordure sur la voie publique,
« pourvue d'un égout municipal, il y aurait lieu de n'autoriser à
« l'avenir que l'établissement de ce genre d'appareils. »

« L'eau étant indispensable pour l'entretien et la propreté, il
« serait nécessaire que le propriétaire fut tenu d'en pourvoir, en
« quantité suffisante, toute maison mise en location par lui, qui en
« serait dépourvue. »

« L'intérêt de la salubrité exigerait également que l'ordonnance
« royale du 24 septembre 1819, qui détermine le mode de cons-
« truction des fosses d'aisances, pût en même temps, au moyen
« d'une révision de cette ordonnance, réglementer celui des
« cabinets, et, en particulier, celui des cabinets à usage commun. »

LÉGISLATION

RELATIVE AUX MAISONS DE PARIS

PÉRIODE ANTÉRIEURE A 1850

Un édit royal du 9 octobre 1392, des lettres patentes du 14 mai 1554 et du 19 décembre 1608, et des arrêts des Conseils royaux des 30 octobre 1625 et 26 novembre 1666, supprimèrent les concessions d'eau faites aux particuliers dans Paris, ainsi que les prises d'eau à l'intérieur des immeubles, en raison de l'insuffisance d'alimentation des fontaines publiques.

La coutume de Paris, au mois de mars 1510, exigea des contre-murs près des murs mitoyens, pour les aisances de privés ou puits (art. 191), et pour les terres labourées et fumées et les terres jectices (art. 192). Elle imposa à tous propriétaires l'obligation d'avoir latrines et privés suffisants en leur maison (art. 193), leur défendit de faire fossé à eau ou cloaque à moins de six pieds de distance des murs mitoyens (art. 217), et prohiba toutes vidanges de fosses ou privés dans la Ville (art. 218).

Un édit royal sur le nettoiement des rues de Paris, au mois de novembre 1539, confirmé par lettres patentes du 9 septembre 1550, maintint l'obligation imposée par la coutume de Paris d'établir des fosses d'aisances, et autorisa les lieutenants de police à prendre des ordonnances particulières à ce sujet.

Une ordonnance du Prévôt de Paris du 22 septembre 1600 défendit (art. 1er) de faire à l'avenir aucun bâtiment sur rue, sans avoir au préalable pris l'alignement du Voyer ou de son commis.

Un édit royal, en décembre 1607, donna au grand Voyer la connaissance de la voirie des villes (art. 2), défendit de faire aucun édifice sans l'autorisation de celui-ci (art. 5), et réglementa notamment les saillies sur rue (art. 4, art. 6 et suivants).

Une ordonnance de Police du 18 août 1667 enjoignit aux propriétaires de faire couvrir les pans de bois de lattes, clous et plâtre, tant en dedans qu'au dehors, en telle manière qu'ils soient en état de résister au feu.

Une ordonnance de Police du 24 septembre 1668 exigea la construction de latrines dans les maisons qui en étaient privées, et prescrivit de les établir avec ventouses conduites jusqu'au-dessus des combles.

Une ordonnance du Châtelet du 26 janvier 1672 détermina certaines règles pour la construction des cheminées et enjoignit à tous propriétaires ou locataires des maisons de les tenir nettes, à peine de 100 livres d'amende, en cas d'incendie.

Une ordonnance des Trésoriers de France, du 4 février 1683, réglementa la saillie sur rue des pas de pierre, seuils de porte, marches, bornes et autres avances, défendit de placer des étais dans les rues sans autorisation, d'y faire des dépôts quelconques, d'avoir aux fenêtres des jardins et préaux en saillie, prohiba tous ouvrages destinés à conserver ou conforter les saillies et avances sur rues, ou à rétablir d'anciennes maisons faisant plis ou coude, exigea l'enlèvement incessant des décombres des bâtiments en construction, et permit, pour eux, de déposer des matériaux sur les revers des rues à trois pieds de distance des ruisseaux, etc.

Un jugement du Maître général des bâtiments, rendu le 29 octobre 1685, énonça que les murs en fondation, depuis le bon et solide fond jusqu'au rez-de-chaussée des rues ou cours, seraient construits avec moellons et libages de bonne qualité, et maçonnés avec chaux et sable à l'exclusion du plâtre, et que les murs, que l'on construirait avec moellons et plâtre au-dessus du rez-de-chaussée, seraient faits par assises et liaisons avec plâtre passé au crible et au panier.

Aux XVIIe et XVIIIe siècles, le mode de distribution de l'eau dans Paris était des plus défectueux; chaque propriété où on voulait en recevoir devait avoir un tuyau particulier aboutissant à un regard commun; or, la longueur du tuyau était parfois grande et son installation coûteuse, ce qui restreignait considérablement l'extension de la distribution de l'eau dans les maisons.

Des ordonnances de Police, en date des 4 mai 1701, 28 janvier 1741 et 15 février 1802, enjoignirent aux propriétaires diverses mesures relatives à l'épuisement de l'eau dans les caves, au curage des puits et à des travaux réconfortateurs après inondation.

Une ordonnance royale du 10 avril 1783 et des lettres patentes du 25 août 1784, réglementèrent la hauteur des maisons, qui fut subordonnée à la largeur des rues et à la nature des constructions.

Un décret du 14 décembre 1789 détermina les fonctions propres au pouvoir municipal, sous la surveillance et l'inspection des assemblées administratives, lesquelles fonctions consistèrent notamment à faire jouir les habitants d'une bonne police et de la propreté, la salubrité, la sûreté, la tranquillité des rues, lieux et édifices (art. 50).

Un arrêté du 12 messidor an VIII (30 juin 1800) rangea la petite voirie dans les attributions du Préfet de Police.

Un décret du 7 mai 1808 prescrivit que nul ne pourrait, sans autorisation, élever une habitation, ni creuser aucun puits, à moins de 100 mètres des cimetières transférés hors des communes (art. 1er) et que les puits, existant dans ces conditions, pourraient être comblés sur la demande de la police locale (art. 2).

Un arrêté du Préfet de la Seine du 22 août 1809 réglementa la surveillance des bâtiments en construction et l'inspection des divers matériaux qui s'y emploient, tels que pierre taillée, bois façonné, chaux, plâtre, briques, tuiles, etc.; autorisa, à cet effet (art. 1er) les Inspecteurs généraux et Commissaires-Voyers à se faire assister, dans leurs visites, par deux entrepreneurs, l'un maçon, l'autre charpentier; et à requérir (art. 3) la rectification des malfaçons ou vices de construction constatés; les procès-verbaux devant être (art. 5) examinés et discutés par le bureau de la grande voirie, formé en comité de consultation, sous la présidence du Préfet ou du plus ancien des Inspecteurs généraux.

Une ordonnance royale du 24 septembre 1819 détermina, pour les bâtiments publics et privés de la ville de Paris, le mode de

construction des fosses d'aisances, ainsi que leur mode de recons-
truction et de réparation dans les maisons existantes.

Une ordonnance de police du 23 octobre 1819 régla l'exécution
de l'ordonnance royale qui précède, en exigeant, notamment pour
les travaux des fosses fixes ou mobiles, une déclaration préalable à la
Préfecture de Police et, dans le cas de construction ou de recons-
truction, le dépôt d'un plan de la fosse et de l'étage supérieur.

Une ordonnance de Police du 5 juin 1834 spécifia certaines règles
pour la vidange des fosses fixes et mobiles et la nature des appareils
à employer dans les fosses mobiles.

Une ordonnance de Police du 20 juillet 1838 porta qu'aucun
puits, puisard, ni égout particulier ne serait établi sans une déclaration préalable à la Préfecture de Police (art. 1er). Elle régla, en
outre, le mode de construction des puisards et leur fermeture par
des cuvettes à siphon (art. 13), et enjoignit aux propriétaires et prin-
cipaux locataires d'entretenir en bon état de salubrité les puits, de
les garnir de cordes, poulies et seaux, et d'avoir soin que les pompes
et autres machines hydrauliques, qui y seraient établies, fussent
constamment maintenues en bon état, de manière que les puits,
pompes et machines puissent servir, en cas d'incendie, ainsi que
pour l'arrosement de la voie publique (art. 11). Elle prescrivit, en
même temps (art. 15), que les puisards et égouts particuliers fussent
entretenus dans un état tel qu'ils ne pussent compromettre la
sûreté et la salubrité publiques.

Une ordonnance de Police, du 21 mars 1842, réglementa l'emploi
du gaz dans la ville de Paris.

Une ordonnance de police, du 23 septembre 1843, autorisa le sieur
Huguin à exploiter dans Paris un système de fosses d'aisances à
appareils diviseurs, à certaines conditions déterminées et notamment avec défense de faire écouler les liquides sur la voie publique.

Une ordonnance, du 20 novembre 1848, à laquelle se trouve annexée une instruction du Conseil de salubrité du 10 novembre précédent, énonça un certain nombre de mesures utiles à l'assainissement des habitations, et relatives au balayage et au lavage du sol ; à la peinture, au lavage et au grattage des murs ; à l'arrachage des papiers de tenture ayant leur renouvellement ; aux dimensions à donner aux chambres à coucher qui, indépendamment des moyens de ventilation, doivent présenter un cube d'au moins 14 mètres par personne ; à la nécessité de munir lesdites chambres de cheminées, et de brûler les combustibles destinés au chauffage et à la cuisson des aliments dans des appareils communiquant librement avec l'air extérieur ; à l'entretien et au lavage des cuvettes et tuyaux d'eaux ménagères ; enfin, à l'aération des cabinets d'aisances.

LOI DU 13 AVRIL 1850.

La loi du 13 avril 1850 autorisa, dans toute commune où le Conseil municipal l'aura jugé nécessaire, la nomination d'une commission chargée de rechercher et d'indiquer les mesures indispensables d'assainissement des logements et dépendances insalubres, mis en location ou occupés par d'autres que le propriétaire, l'usufruitier ou l'usager (art. 1er).

Cette commission doit visiter les lieux signalés comme insalubres, déterminer l'état d'insalubrité et en indiquer les causes, ainsi que les moyens d'y remédier, et désigner les logements non susceptibles d'assainissement (art. 3). Les rapports de la commission sont soumis aux parties intéressées (art. 4) et au Conseil municipal, qui détermine (art. 5) les travaux d'assainissement à faire, avec délais pour leur achèvement, et les habitations non susceptibles d'assainissement, et peut (art. 10) interdire provisoirement la location de ces dernières à titre d'habitation, l'interdiction absolue ne devant être prononcée que par le Conseil de préfecture.

PÉRIODE POSTÉRIEURE, A 1850.

Une ordonnance de police du 23 octobre 1850, relative aux travaux des fosses d'aisances, rapportant celle du 23 octobre 1819 sur le même objet, modifie certaines formalités qui entraînaient de trop grands délais d'exécution, ou étaient insuffisantes.

Un décret du 26 mars 1852, relatif aux rues de Paris, porte notamment : que tout constructeur de maisons, avant de se mettre à l'œuvre, devra demander l'alignement et le nivellement de la voie publique, au devant de son terrain, et devra s'y conformer (art. 3) ; qu'il devra pareillement adresser à l'Administration un plan et des coupes cotés des constructions projetées, avec une coupe géologique des fouilles pour la fondation des bâtiments, et se soumettre aux prescriptions qui lui seront faites dans l'intérêt de la sûreté publique et de la salubrité (art. 4) ; que les façades des maisons seront constamment tenues en bon état de propreté et seront grattées, repeintes ou badigeonnées, une fois tous les dix ans, sur l'injonction qui sera faite aux propriétaires par l'autorité municipale (art. 5) ; que toute construction nouvelle, dans une rue pourvue d'égout, devra être disposée de manière à y conduire les eaux pluviales et ménagères ; la même disposition devant être prise, pour toute maison ancienne, en cas de grosses réparations, et, en tous cas, avant dix ans (art. 6).

Une ordonnance de police du 11 décembre 1852 établit que toutes les cheminées, tous les poêles et autres appareils de chauffage doivent être construits de manière à éviter les dangers du feu et à pouvoir être facilement nettoyés ou ramonés (art. 1er) et fixa de nou-

8

velles règles tendant notamment à l'isolement des foyers et tuyaux (art. 2 et suivants) et à leur entretien et ramonage (art. 15 et 16).

Une ordonnance de police du 23 novembre 1853 énonce différentes règles relatives à la propreté des maisons tant à l'intérieur qu'à l'extérieur (art. 1er); à l'écoulement des eaux ménagères jusqu'à la voie publique, ou, dans le cas d'impossibilité, dans des puisards (art. 2 et 3); à la bonne tenue et à la ventilation des cabinets d'aisances (art. 4); à la défense de jeter ou déposer dans les cours, allées et passages, des matières humides ou puantes, et à l'obligation d'établir des trous couverts pour les fumiers, ainsi que de rendre imperméables et laver souvent les sols et ruisseaux d'écurie (art. 5); enfin, à la possibilité pour l'Administration de prendre, à l'égard des habitations, toutes mesures nécessaires dans l'intérêt de la salubrité et de la santé publique.

Une instruction, annexée à ladite ordonnance du 23 novembre 1853, précise le mode d'installation des cabinets d'aisances et des urinoirs; les premiers devant être clos, couverts, clairs et aérés, avoir dimensions suffisantes pour qu'on puisse s'y mouvoir aisément, être munis d'un sol imperméable, avec pente pour les liquides et d'un siège à lunette avec fermeture hermétique; et les urinoirs devant écouler leurs liquides dans une fosse d'aisances, ou être pourvus d'un effet d'eau.

Une ordonnance de police du 29 novembre 1854 exige la désinfection des matières contenues dans les fosses avant leur extraction et autorise l'envoi des liquides dans les égouts publics.

Un arrêté préfectoral du 19 décembre 1854, relatif aux branchements particuliers d'égout, prescrit, pour ceux-ci, la construction de galeries souterraines au lieu de tuyaux (art. 1er) et exige la création de cheminées d'appel, pratiquées soit dans le mur mitoyen, soit dans le mur de face des propriétés, pour la ventilation permanente du canal de dérivation (art. 2).

Une ordonnance de police du 27 octobre 1855 modifie les prescriptions relatives à l'emploi du gaz, contenues dans l'ordonnance du 21 mai 1842.

Un décret du 27 juillet 1859 réglementa, dans son Titre Ier, la hauteur des façades des maisons, variant de 11^m,70 à 20 mètres, suivant la largeur des voies publiques, et la hauteur des étages qui ne peut être exigée de plus de 2^m,60. Il fixe, dans son Titre II, la forme et la dimension des combles au-dessus des façades, et définit, dans ses Titres III et IV, certaines dispositions transitoires relatives à l'interdiction de reconforter et reconstruire les murs de face, combles ou lucarnes, dont l'élévation ou la forme excèdent celles prescrites.

Un décret du 10 octobre 1859 range dans les attributions du Préfet de la Seine la petite voirie, telle qu'elle est définie par l'art. 21 de l'arrêté du 12 messidor an VIII (30 juin 1800), ainsi que l'éclairage et la bonne tenue de la voie publique, le curage des égouts et des fosses d'aisances, etc.

Un traité, conclu le 11 juillet 1860 entre la Ville de Paris et la Compagnie générale des Eaux, concède à cette dernière la régie intéressée de ses eaux de toute provenance, actuellement disponibles ou qui le seront pendant une période de 50 années, pour le service des concessions particulières dans Paris.

Une série de règlements en date des 30 novembre 1860, 10 octobre 1862, 9 mars 1863, 7 juin 1864 et 26 janvier 1865, détermine les prix que doivent annuellement payer les propriétaires pour l'abonnement aux eaux de la Ville, suivant la nature et le volume desdites eaux, et l'usage auquel elles sont destinées.

On relève notamment dans ces règlements les évaluations suivantes :

	EAU de L'OURCQ.	EAU DE SEINE et de SOURCE.
Par personne domiciliée............................	30 litres.	45 litres.
Par ouvrier......................................	5	5
Par élève ou militaire............................	10	20
Par cheval......................................	75	100
Par vache......................................	75	100
Par voiture à 2 roues............................	40	40
Par voiture à 4 roues, de luxe....................	100	150
Par voiture à 4 roues, de louage..................	50	75
Par mètre carré d'allée et cour...................	3	6
Par boutique...................................	100	150

Une instruction de 1861, relative à la construction des cuvettes hydrauliques pour les branchements d'égouts, conseille aux propriétaires qui veulent arrêter les émanations fétides des égouts à l'entrée de leur maison, d'adopter le système d'appareils hydrauliques placés au fond même de l'égout, de préférence à celui des cuvettes à siphon placées à l'entrée du tuyau qui reçoit les eaux ménagères.

Un arrêté préfectoral du 1er août 1862 autorise l'emploi des bétons de ciment romain de Vassy ou de Portland et le béton Coignet, pour la construction des fosses d'aisances.

Une ordonnance de police du 3 novembre 1862, interdit d'élever, dans Paris, certains animaux sans autorisation, tels que porcs, boucs, chèvres, lapins, pigeons, poules, etc., qui peuvent être une cause d'insalubrité, et exige que les locaux où on autorisera l'élevage soient maintenus dans un état constant de propreté.

Un arrêté du 9 juin 1863 détermine les règles relatives à la construction et l'entretien des branchements d'égouts particuliers, jusqu'au mur de face des maisons, par les entrepreneurs de la Ville.

Un décret du 1er août 1864, revenant sur celui du 27 juillet 1859 qui donnait aux constructeurs le droit de porter la hauteur des bâtiments jusqu'à 20 mètres, dans les rues et boulevards de 20 mètres et au-dessus, énonce que l'Administration municipale pourra, en vue du raccordement et de l'harmonie des lignes de construction, permettre de porter la hauteur des bâtiments jusqu'à un maximum de 20 mètres.

Un arrêté préfectoral du 24 avril 1866 exige l'établissement des tuyaux de prise d'eau dans les branchements particuliers.

Un arrêté préfectoral du 2 juillet 1867 autorise les propriétaires à faire écouler les eaux-vannes de leurs fosses d'aisances dans les égouts de la Ville, d'une manière directe (art. 1er), à la condition notamment (art. 2) que la propriété sera desservie par les eaux de la Ville et sera pourvue d'un branchement d'égout particulier, que les eaux-vannes seront séparées des solides, au moyen d'appareils diviseurs établis dans des caveaux bien ventilés, que chaque chute sera pourvue d'un de ces appareils, etc., etc.

Un arrêté préfectoral du 25 février 1870 réduit (art. 1er) la section des galeries de branchements d'égouts particuliers, et stipule (art. 2) que les galeries ne pourront desservir qu'une seule propriété.

Des arrêtés préfectoraux, en date des 14 février et 30 mars 1872, relatifs aux branchements particuliers d'égouts, rendent aux propriétaires le droit de faire construire les galeries par des entrepreneurs de leur choix, à charge par eux d'être responsables de l'entretien des ouvrages, et leur donnent aussi la faculté de faire curer lesdits branchements par les soins de l'Administration municipale.

Un arrêté préfectoral du 13 mai 1872 ordonne la suppression des appareils sur réservoirs autorisés par l'ordonnance de police du 23 septembre 1843.

Un décret du 18 juin 1872 modifie les décrets des 27 juillet 1859 et 1er août 1864, sur la hauteur des maisons, en exigeant (art. 1er), pour les constructions élevées à 20 mètres et en façade sur une seule rue, une cour d'une surface de 40 mètres, ayant un petit côté d'au moins 4 mètres, et en prescrivant (art. 2) que, quelle que soit la hauteur des maisons, la surface des courettes ne pourra être inférieure à 4 mètres, ayant un petit côté d'au moins 1m,60, lesdites courettes ne pouvant d'ailleurs servir à éclairer ni aérer aucune pièce à usage de chambre à coucher, si ce n'est au dernier étage de la maison.

Un arrêté préfectoral du 8 août 1874 interdit (art. 1er) de pratiquer des foyers ou des conduits de fumée dans les murs mitoyens et dans les murs séparatifs de deux maisons contiguës, qu'elles appartiennent ou non au même propriétaire, autorise (art. 2) d'en établir dans les murs de refend à certaines conditions, et prescrit (art. 6 et 7) le mode de construction des tuyaux non engagés dans les murs.

Une ordonnance de police du 15 septembre 1875, relative aux appareils et conduits de fumée, modifie l'ordonnance du 11 décembre 1852 sur le même objet, en exigeant notamment (art. 4) que chaque fourneau potager soit surmonté d'une hotte, si le conduit de fumée n'aboutit pas au foyer, et en insistant sur ce fait (art. 8) qu'il est interdit de pratiquer des ouvertures dans un conduit de fumée traversant un étage, pour faire arriver de la fumée, des vapeurs ou des gaz, ou même de l'air.

Des arrêtés préfectoraux, relatifs aux conduits des appareils de chauffage par le gaz, à l'intérieur des bâtiments et habitations, — en date des 18 février 1862, 2 avril 1868 et 17 janvier 1878, modifient en partie les règles prescrites sur le même sujet par les ordonnances de police du 21 mai 1842 et du 27 octobre 1855, notamment en ce qui concerne l'établissement des branchements des tuyaux de distribution et de consommation, des brûleurs, de la ventilation des pièces, montres, etc., à l'emploi du gaz comme force motrice, à l'interdiction d'emploi d'appareils dits à tiges hydrauliqués.

PIÈCE ANNEXE N° 3

Extrait d'une communication faite par M. BETOCCHI, de Rome, au Congrès d'hygiène de 1878.

. . . .

« A Rome, il y a un règlement relatif à la hauteur des maisons.
« Celle-ci doit être proportionnelle à la largeur de la rue, de façon
« que les habitations ne soient pas, les unes pour les autres, un
« obstacle à la libre circulation de l'air et de la lumière.

« La grandeur des cours doit avoir un certain minimum, de telle
« sorte que la partie postérieure des maisons se trouve à peu
« près aussi bien aérée et éclairée que la partie antérieure.

« Il y a aussi un règlement pour la hauteur des étages, de façon
« à éviter que les chambres ne soient pas trop basses, d'un cubage
« d'air insuffisant pour la respiration, surtout pendant la nuit, où
« la circulation de l'air est bien moins active.

« Il y a même des règlements qui ne permettent pas à un pro-
« priétaire de loger des locataires, avant qu'un certain temps ne se
« soit écoulé depuis l'achèvement complet de la maison. Il faut
« qu'une maison qui vient d'être finie reste vide pendant quelque
« temps, et on ne peut y habiter qu'après qu'une commission de
« santé publique l'a visitée et s'est assurée qu'elle est bien sèche. »

PIÈCE ANNEXE N° 4

Extrait d'une communication faite par M. BELVAL, de Bruxelles,
au Congrès d'hygiène de 1878.

. . . .

« Le principe consacré en Belgique, c'est de laisser la plus
« grande liberté possible à l'Administration communale; elle a
« seule pouvoir pour réglementer les constructions qui se font sur
« son territoire. Ce pouvoir n'avait primitivement qu'une action
« restreinte et ne s'occupait que de régler la hauteur des habita-
« tions et d'en constater la solidité, aussi bien au point de vue des

« locataires que du public et du voisinage. Plus tard on a étendu
« ces réglementations, et c'est ainsi, par exemple, que l'on a établi
« un minimum pour la hauteur des étages, que l'on a introduit
« certaines obligations relatives à la construction des fosses d'ai-
« sances, à la construction des égouts, etc.; en un mot, l'Adminis-
« tration a senti la nécessité, au point de vue de l'hygiène, de s'in-
« troduire peu à peu dans les habitations et de ne pas laisser leur
« construction à un arbitraire absolu. C'est sous l'influence de
« cette nécessité que sont nées les commissions de salubrité, attendu
« que l'appréciation des faits de cette nature exige une compétence
« spéciale.

« La tendance de ces commissions a été de prouver à l'Adminis-
« tration qu'elle devait aller aussi avant que possible dans la voie
« où elle était entrée, et réglementer tout ce qui pouvait avoir une
« influence, non seulement sur la santé générale des populations,
« mais encore sur la santé de chaque individu. Cela est d'autant
« plus logique qu'en réalité la santé générale n'est autre chose que
« la santé de chaque individu, membre d'une même collectivité. »

PIÈCE ANNEXE Nº 5

Extrait du rapport de M. le docteur DU MESNIL, *au congrès*
d'hygiène de 1878.

. . . .

« Les maisons où habitent les ouvriers, et qui leur sont communes
« avec d'autres locataires, sont généralement situées dans des rues
« étroites, où pénètre à peine la lumière et où jamais le soleil ne

9

« projette ses rayons. Si la rue est une voie privée, et cela n'est que
« trop fréquent dans les quartiers populeux où les passages, impasses,
« courettes, etc. sont nombreux, le sol en est le plus souvent inégal,
« parsemé de trous où viennent se répandre et se putréfier les eaux
« pluviales et ménagères qui s'écoulent de l'habitation, des amas
« d'immondices en voie de décomposition sont déposés ici et là.
« Pénètre-t-on dans la maison, on trouve une allée traversée par un
« caniveau dans lequel circulent souvent à ciel ouvert les eaux
« ménagères provenant des différents étages de la maison. L'escalier
« est sombre, ses murs sont malpropres ; on respire des odeurs nau-
« séabondes, et, aux étages, on rencontre des cabinets d'aisances
« disposés d'une façon aussi incompatible avec la décence qu'avec
« la salubrité. Ils sont faits en matériaux perméables, la pente du
« sol est réglée de telle façon que les liquides viennent se répandre
« au dehors, le siège est à trou béant, ailleurs ce sont des plombs où
« chacun vient jeter ses eaux ménagères et dont l'orifice non fermé
« déverse d'une façon continue des odeurs méphitiques dans la cage
« de l'escalier.

« Les logements qui ont leur entrée sur cet escalier, et qui quel-
« quefois reçoivent exclusivement par cette voie l'air que respirent les
« hommes qui les habitent et la lumière qui les éclaire, sont obscurs ;
« leurs murs sont recouverts de papiers en lambeaux, le carrelage
« du sol est en mauvais état, ses anfractuosités en rendent le net-
« toyage impossible, et l'insouciance de l'être humain qui habite ce
« taudis fait le reste. S'il existe une fenêtre, elle donne souvent sur
« un courette transformée en une sorte de puits, par une toiture
« placée à la hauteur du premier étage et qui a servi à convertir la
« courette primitive, à rez-de-chaussée, en un magasin ou un atelier.
« Il en résulte que cette cour, qui, mise en communication avec
« l'allée conduisant à la rue, et incessamment traversée par un cou-
« rant d'air, pouvait servir à ventiler les logements qui y prennent
« jour et air, devient elle-même un foyer d'infection. La colonne

« d'air qui l'occupe est immobile, se sature de miasmes de toute
« nature qui se dégagent, dans cet espace restreint des cuisines,
« des plombs, des cabinets d'aisances, etc. Lorsqu'on atteint les
« étages supérieurs, à ces causes d'insalubrité multiples il faut
« ajouter celles qui résultent de l'absence de plafond, la chambre
« n'étant séparée de la toiture que par un enduit de très faible épais-
« seur, ce qui les fait torrides en été, glaciales en hiver, quand l'in-
« curie ou l'état de gêne du propriétaire ne les rend pas humides
« toute l'année par suite du mauvais entretien de la couverture. Nous
« ajouterons que, dans beaucoup de ces maisons, l'eau fait absolu-
« ment défaut, autant pour satisfaire aux exigences de la propreté
« la plus rudimentaire chez les habitants, que pour assurer la salu-
« brité de l'immeuble. Il est facile, sans s'y arrêter longtemps, de se
« rendre compte de la malpropreté sordide engendrée par cet état
« de choses, et de l'insalubrité extrême des maisons et des quar-
« tiers où elle est générale. »

PIÈCE ANNEXE N° 6

Extrait d'une communication présentée par M. DURAND-CLAYE
au Congrès d'hygiène de 1878.

. . . .

« Je voudrais émettre le vœu que la loi contraignit les proprié-
« taires à mettre l'eau dans les maisons, et puisque nous avons le
« bonheur d'avoir pour rapporteur un des membres de la Commis-
« sion des Logements insalubres, je lui demanderai d'introduire dans
« le programme de cette Commission l'obligation de l'usage de
« l'eau. »

PIÈCE ANNEXE N° 7

Extrait du Compte-rendu de la séance plénière tenue par le Congrès d'hygiène le 7 août 1878.

M. le docteur ULYSSE TRÉLAT, de Paris :

Messieurs,

« M. Durand-Claye vient de me communiquer la rédaction d'un « vœu ; je lui ai témoigné le désir d'y joindre un autre vœu et nous « avons ainsi rédigé notre proposition :

« *Le Congrès international d'Hygiène émet le vœu que l'article 7 de* « *la loi des 19 janvier, 7 mars et 13 avril 1850, soit révisé de telle* « *sorte que les prescriptions des Conseils d'Hygiène et de la Commis-* « *sion des Logements insalubres deviennent réellement exécutoires et* « *ne se heurtent plus à des fins de non-recevoir empruntées au* « *caractère de possession ou d'occupation à loyer des locaux.*

« *Il émet encore le vœu que l'introduction de l'eau dans les loge-* « *ments insalubres, et notamment dans les logements d'ouvriers,* « *prenne place comme prescription légale dans les ordonnances et* « *règlements de Police.*

« Tels sont les vœux que nous avons l'honneur de proposer à « votre adoption.

« M. LE PRÉSIDENT. — Je mets aux voix les vœux proposés par
« MM. Ulysse Trélat et Durand-Claye.

« Ces vœux sont adoptés à l'unanimité. »

PIÈCE ANNEXE N° 8

*Extraits du rapport général du Conseil d'Hygiène publique
et de Salubrité, depuis 1867 jusqu'à 1871 inclusivement.*

Ouvriers cérusiers. — « Sous cette dénomination nous com-
« prendrons tous les ouvriers qui se sont présentés dans les
« hôpitaux comme étant atteints de coliques saturnines, d'après
« les relevés qui ont été communiqués au Conseil par l'Adminis-
« tration de l'Assistance publique.

« Il résulte de l'examen de ces relevés que les peintres en
« bâtiment forment la majeure partie de ces malades ; viennent
« ensuite les ouvriers employés dans les fabriques de céruse à
« diverses parties de la fabrication, et sous les dénominations les
« plus variées ; puis les ouvriers occupés dans diverses industries
« où l'on se sert du plomb, de ses oxydes ou de ses sels ; les potiers,
« les ouvriers qui préparent au minium les jouets d'enfants ; les
« ouvriers des fabriques de verres mousseline, etc. Les relevés
« transmis par l'Assistance publique mentionnent également les
« ouvriers dont les maladies doivent être attribuées au mercure ou
« à ses sels, tels que les étameurs de glaces, les doreurs sur métaux,
« les coupeurs de poils de lapins et les chapeliers ».

« Voici, sous forme de tableau, les chiffres qui résument les
« diverses catégories d'ouvriers malades dont nous venons de
« parler » :

	1867	1868	1869	1870 Dix premiers mois.	1871	TOTAL par PROFESSIONS.
Peintres en bâtiments............	210	273	372	143	»	998
Ouvriers sortant des fabriques de céruse.......................	189	159	166	58	»	572
Ouvriers divers dont les maladies sont dues au plomb ou à ses composés...................	24	44	39	»	»	107
Ouvriers dont les maladies sont dues au mercure ou à ses composés....	5	6	11	61	»	83
Ouvriers dont les maladies sont dues à diverses causes mal déterminées et attribuées au plomb...	51	15	23	»	»	89
TOTAL.....	479	497	611	262	»	1,849

« En examinant ces chiffres et en les comparant à ceux des années
« précédentes, on remarque d'abord que le nombre des peintres
« atteints de maladies saturnines a sensiblement augmenté pendant
« les années 1867, 1868 et 1869, ce qui s'explique par la grande
« activité des travaux de construction à cette époque. »

. . . .

*Échantillons de papiers jaunes et verts destinés à remplacer le
chromate de plomb et l'arséniate de cuivre.* — « Au commencement
« de l'année 1869, les sieurs L..... et Cⁱᵉ adressèrent à l'Administration
« des échantillons de couleurs jaunes et vertes exemptes, d'après
« eux, de sels de plomb et de cuivre, et destinées à remplacer le jaune
« de chrôme (chromate de plomb) et le vert de Schweinfurth

« (arséniate de cuivre), dont l'emploi dans la fabrication des papiers
« peints ou de fantaisie, présente des dangers, soit pour les ouvriers,
« soit pour le public. »

« M. Chevalier, chargé de l'examen de ces divers produits, recon-
« nût que le jaune était composé de chromate de zinc, et que le
« vert était obtenu à l'aide d'un mélange d'oxyde de chrome,
« d'oxyde de zinc et d'alumine. Il fit connaître l'innocuité des
« couleurs et des papiers qu'elles avaient servi à préparer, tout en cons-
« tatant que, pour le vert, on n'était pas arrivé à produire la teinte
« vive et brillante du vert arsenical, teinte qui est si recherchée des
« marchands. Le Conseil adopta l'avis du rapporteur, d'adresser
« des remercîments à ces industriels pour leur communication. »

PIÈCE ANNEXE N° 9

Extrait d'observations présentées au Congrès d'hygiène en 1878,
par M. le Dr GUBLER.

. . . .

« Il y a tantôt vingt-quatre ans que j'ai l'honneur d'être médecin
« de l'hôpital Beaujon. J'ai reçu par centaines, je puis le dire, des
« malades atteints de saturnisme. C'est un spectacle navrant que de
« voir arriver ces hommes, dont les uns sont simplement voués pour
« longtemps à l'anémie, les autres frappés de paralysies locales qui
« les mettront désormais dans l'impossibilité de travailler, et dont

« un certain nombre ont contracté les germes d'affections contre
« lesquelles nous sommes à peu près impuissants. »

PIÈCE ANNEXE N° 10

Proposition faite à la Commission des Logements insalubres par
MM. les D^{rs} DU MESNIL *et* H. NAPIAS, *dans la séance du 31 mai 1880.*

Messieurs,

« Nous avons eu l'honneur, au cours de la discussion sur la
« salubrité des constructions, d'attirer votre attention sur l'utilité
« qu'il y aurait, au point de vue de la santé publique, de restreindre
« l'emploi de certaines substances minérales toxiques, que l'indus-
« trie peut aujourd'hui remplacer absolument par des substances
« inoffensives.

« Tout d'abord, nous rappelons que ce sont les composés satur-
« nins qui, parmi les substances toxiques, causent les plus grands
« ravages dans la santé publique.

« Le plomb, en effet, depuis sa sortie de la mine jusqu'à la der-
« nière de ses multiples transformations industrielles, est un danger
« grave; et, chaque année, les cérusiers et les peintres fournissent
« de nombreuses et lamentables recrues à la clientèle de nos
« établissements hospitaliers.

« Toutes les mesures, qui peuvent diminuer l'usage du plomb,
« sont d'excellentes mesures d'hygiène, et vous l'avez bien compris,
« Messieurs, car vous prenez soin dans vos rapports, en prescrivant
« une peinture à l'huile, de spécifier que cette peinture sera faite
« au blanc de zinc.

« C'est une précaution qu'il faudrait voir se généraliser. Si, en
« effet, la peinture au blanc de zinc pouvait être partout et toujours
« substituée à la peinture au plomb, l'industrie de la peinture se
« trouverait ainsi tout d'un coup assainie, et les peintres en bâti-
« ment n'iraient plus grossir le chiffre des affections saturnines
« traitées dans nos hôpitaux.

« Or, ce ne sont pas les seuls peintres qui ont à souffrir de la
« peinture au plomb ; les poussières, dégagées par le grattage ou le
« ponçage de ces peintures, deviennent funestes pour ceux qui les
« respirent, et plus tard les bois de démolition, peints ancienne-
« ment à la céruse, peuvent, quand on les brûle, déterminer des
« intoxications qu'on a observées dans la clientèle de certains bou-
« langers, et la braise de la combustion s'en va ensuite porter dans
« les cuisines le plomb sous une autre forme, et, avec le plomb, la
« maladie ou la mort.

« Il est donc tout naturel, Messieurs, que ces faits d'intoxication
« dont nous ne donnons ici qu'un aperçu résumé, il est donc
« légitime, disons-nous, que ces faits aient conduit deux de nos
« collègues médecins à attirer votre attention sur ce grave sujet.

« S'il ne paraît pas possible, dans un règlement, d'interdire for-
« mellement l'usage du plomb dans les travaux de peinture, si on
« pensait voir là un obstacle apporté à la liberté de l'industrie, il
« serait possible certainement que l'Administration, à la suite d'un
« règlement nouveau sur la salubrité des constructions, donnât des

10

« instructions aux architectes, aux entrepreneurs, à tous ceux que
« ce règlement intéresse, qu'elle vint leur rappeler les inconvé-
« nients graves qui peuvent résulter de l'emploi du plomb dans la
« peinture, et les solliciter d'éviter l'emploi de cette substance
« toxique, en leur faisant remarquer qu'ils contribueraient par-là à
« améliorer l'état sanitaire général et à diminuer chez les travail-
« leurs les chances de maladies graves.

« Il serait également désirable que l'Administration, elle, quand
« elle fait élever une construction neuve ou réparer quelque cons-
« truction ancienne, s'attachât à donner l'exemple en interdisant
« absolument à ses entrepreneurs l'emploi du plomb pour ses tra-
« vaux de peinture.

« Presque tout ce que nous venons de dire du plomb pourrait
« utilement, Messieurs, être appliqué à l'arsenic des papiers de ten-
« ture ou au mercure qui sert à l'étamage des glaces.

« Eviter d'employer du papier de tenture arsenical, éviter de
« faire poser dans les constructions neuves des glaces étamées au
« mercure, ce serait, en diminuant le débit de ces produits, et en
« obligeant le fabricant à faire des produits similaires sans poison,
« améliorer les conditions sanitaires des ouvriers qui y travaillent.

« Et c'est pourquoi nous vous proposons, Messieurs, de formuler
« un double vœu :

1º « La Commission émet le vœu : Que l'Administration fasse
« suivre le nouveau règlement sur la salubrité des constructions
« d'instructions précises, montrant les dangers de la peinture au
« plomb, de l'emploi des papiers de tenture arsénicaux, de l'emploi
« des glaces étamées au mercure, et invite les architectes, entrepre-
« neurs, etc., au nom de l'intérêt public et de la santé des ouvriers,
« à remplacer ces produits dangereux par des produits inoffensifs.

2° « La Commission émet le vœu ; Que l'Administration, en ce
« qui la concerne, impose toujours à ses entrepreneurs l'obligation
« de ne faire usage dans leurs travaux d'aucune substance toxique
« (céruse, arsenic, mercure), et de n'employer, pour la décoration,
« ni glaces étamées au mercure, ni papiers arsénicaux. »

PIÈCE ANNEXE N° 11

*Extraits d'une communication faite par M. le Dr E. VALLIN, à la
Société de médecine publique, dans la séance du 26 mai 1880.*

Le docteur Vallin expose d'abord qu'une de ses clientes a été
atteinte de malaises, avec nausées et vomissements abondants,
après avoir couché dans un appartement où on avait simplement
lavé les peintures, changé les papiers et refait les plafonds, puis
il continue ainsi :

« En pénétrant dans l'appartement, j'avais été frappé par une
« odeur infecte, et cette odeur était encore plus marquée dans la
« chambre habitée par la malade, parce que, depuis la veille, les
« fenêtres en étaient restées fermées.

« Je découvris sans peine que cette corruption de l'air provenait
« de papiers de tenture qui avaient été appliqués les jours précédents.
« Le seau contenant de la *colle de pâte* dont l'ouvrier se servait en
« ce moment, pour tapisser une chambre voisine, dégageait une
« odeur horrible ; la colle était en pleine putréfaction.

« Dans la chambre habitée passagèrement par la malade, le
« papier avait été appliqué la veille de son arrivée ; les fenêtres
« n'ayant pas été laissées ouvertes jour et nuit, comme dans les
« chambres voisines, la colle n'avait pas séché aussi vite, et l'humi-
« dité persistante avait prolongé la durée de l'infection, d'autant
« plus que les journées précédentes avaient été pluvieuses. Je
« renvoyai immédiatement la malade à la campagne, et le soir même
« toute trace d'indisposition avait disparu ».

Puis le docteur Vallin relate, d'après *The Lancet*, le fait que la
caserne de Kinghtsbridge a vu tous ses officiers éprouver des
troubles de santé, par suite de collage de papier de tenture en
superposition d'anciens papiers jusqu'à quatorze couches d'épaisseur.

« Ces papiers, très épais, de la qualité la plus chère (*of. à most*
« *expensive Kind*) avaient nécessité l'emploi d'une couche compacte
« de colle ; entre les différents feuillets, on put retrouver des amas
« de pâte infecte, contenant des moisissures et même des vers. Le
« papier fut arraché ; on en remplit plusieurs charrettes, la muraille
« fut lavée, désinfectée, et la cause cessant, l'effet disparut. »

. . . .

« Lorsque les papiers sont récemment appliqués, ce n'est pas
« seulement la colle putréfiée qui peut dégager une odeur incom-
« mode, sinon nuisible. Les papiers sont parfois de mauvaise
« qualité, fabriqués avec du chiffon mal lavé et mal désinfecté ;
« nous ne le savons que trop, par certaines épreuves d'imprimerie,
« ou certains journaux sortant de la presse.

« Les papiers peints reçoivent, en outre, une teinte plate ou
« fonçage, à l'aide d'un mélange de couleurs et de colle de peau
« fabriquée avec de vieux cuirs, des débris de tannage, et des
« résidus de bourellerie. Quand ces matières sont de basse

« qualité, elles entrent en fermentation en s'humectant au contact
« de la colle liquide qui sert à les fixer au mur.

. . . .

« Il en est de même du *lait de chaux,* mélangé de gélatine ou de
« colle de Flandre, qui sert à former l'enduit blanc des plafonds.
« Pendant l'été, cette solution de gélatine, quand elle n'est pas
« récemment préparée prend une odeur de cadavre horriblement
« infecte ; dans l'observation que nous avons rapportée, la première
« atteinte des accidents nous parut devoir être attribuée à cette
« cause, la réfection du plafond ayant précédé de quelques jours
« l'application du papier sur les murailles.

« L'introduction d'une substance antiseptique, et particuliè-
« rement de l'acide salycilique (2 grammes par litre) dans cet
« enduit gélatineux nous paraît encore plus désirable et ne
« présenterait aucune difficulté ».

PARIS. — TYP. CHARLES DE MOURGUES FRÈRES. — 4189.

www.ingramcontent.com/pod-product-compliance
Lightning Source LLC
Chambersburg PA
CBHW070914280326
41934CB00008B/1714